提梼

林格的教育之道

林格 著

中央党校出版集团　大有书局

自序

我所讲的，都是用身体焐热了的

在教育面前，在中国文化面前，我始终把自己定位成"小学生"。

二十几年来，我走过了很多的路，到处"讨饭吃"。在我看来，择一事，终一生，本身是一件很高级的事情。行走，是我做教育的基本方式，行走本身就隐含着巨大力量。我的所谓的一点点学问，可以说，都是在路上获得的。这些年来，我几乎踏遍了中国这片充满生机的土地，走进了几千所学校，向校长学习，向老师学习，向学生学习。真正的教育智慧都在一线。我自己知道，严格意义上，自己不算什么学者、专家，而是行者，一名教育的行者。

只有行走，才会呈现并拓展我们的生命力，行走时，忘掉了一切是非、利害、得失，心一直在更加开阔的地方待着，顾不上其他。

不停地向前行走，会不断有发现，有意外的惊喜。把这些发现和惊喜加以整理、提炼，再释放出来，或许可以成就更多人。

在行走的过程中，我也逐渐认清了自己来世间的使命——我所成就的人、推动的人，他们未来也会推动别人、成就别人，薪火相传，生生不息。事实上，实现自己的梦想和帮助他人实现梦想，本质上是一样的，这让我觉得自己的人生有了意义。

谈教育，不能因义理而义理，义理是泥土以下的部分，是需要被藏起来的，更需要被我们化掉，化于无形；而化的工作，就是用自己的身体焐热它，然后，讲出的东西才有温度、有光，直接就入心了。

一、教育的道与路

这本书的内容，更多的是我在行走中对脚下的"道"和内心的"路"的一切体悟和觉醒。

道的本义：所行之路曰道，或人之当由之路曰道。

中国文化的伟大就在于回答了我们每个生命走向的终极，朝闻道，夕死可矣，在大道面前的表达和叹息都是多余的。

首先，"道"是自然之道、天地之道，是常识，是规律，所以人要道法自然、道法天地运行的规律。按常识按规律办事的人，就是神。人之所以要修德，就是为了凝道，最终实现天人合一。

其次，"道"是方向明确的可行之路。有道无术，术可求；有术无道，止于术。明确了心之所向，然后才去追求道术合一、大道直行。

最后，在道上，就是每天按照义理去走。这个人是不是在道上，就是指其是否循理而行。孟子讲："山径之蹊间，介然用之而成路；为间不用，则茅塞之矣。今茅塞子之心矣。"(《孟子·尽心下》)这就是成语"茅塞顿开"的出处。义理是人心的大路，物欲是人心的茅草，路要每天去走，日日不断，才能是路，一天不走，就茅塞不开了。

人内心的高处，就是道心，王阳明讲，人没有两个心，只有一个心，没有夹杂人欲的是道心，夹杂了人欲的就是人心。人心如果归于正道就是道心，道心如果偏离了正道就是人心。

我们之所以痛苦和被动，都是因为我们的心太低，我们需要循着圣贤的脚步，一步步走向内心的高处，让我们活在道心的层面上。

这里的路就是"心路"，教育就是打通心路。而所谓"心路"，就是良知良能之路。

我们所感知到的纠结和迷茫，都是因为心路不通畅，痛则不通，通则不痛。攻读经典，就是为了打通我们的心路，心路畅通了，一通百通。我们盯住经典中的一句，盯久了，渐渐就化入我们的心里、我们的血液里，直至消失，从凝视到消失，这是攻读经典的真实过程。

教育工作，本质上是做人的工作，那么就要我们参透人性，把握人性的幽秘以及人的内心深处或明或暗的光影。

因此，打通心路，是为了与道对接起来。

打个比方，我们在一个球体上沿直径向下打洞，到达球心之前，可以说越打越深，但是到达球心之后，如果继续深入地打下去、凿下去，这个时候，从原来的角度来看，是继续深入，但从另一个角度看，则是逐渐接近球的表面，越来越浅了。当最后从球的另一面破壳而出的时候，就是深入浅出了。这叫"打通"。

打通也可以叫开窍，就是把我们自己学到的东西加以力行，言行一致，知行一体。打通了的人，"胸有百万雄兵"，任何时候都是不惑、不惧、不忧。

二、教育的敬与信

我对教育的追求，是以敬和信作为逻辑起点的。我对教育的一点点认知或者思想，都是因为敬和信而生发的。

教育是神圣的，那是因为它关乎生命与灵魂的运行，关乎生命对天地的回应，更是因为它来自几千年的传承，所以我们需要敬。

为什么有人做了二十年的教育，似乎还在门外晃荡，不得其门而入？

有一次，有人对孔子指指点点，子贡说了一段话："夫子之墙数仞，不得其门而入，不见宗庙之美，百官之富，得其门者或寡矣。夫子之云，不亦宜乎！"（《论语·子张》）意思是，我师父道德尊崇、仰之弥高，他的门墙只有数仞之高，但如果不得其门而入，站在外面看，只看见墙，看不见里面的气象和威仪,这不奇怪。

而"得其门而入",就只需要做好一个字:敬。

可以说,教育问题,都可以归结到这个"敬"字。做教育,最大的课题就是把人的敬畏心激荡出来。

敬畏来自谦卑,来自知道自己知道得不多,来自知道自己没有想象中那么重要,来自知道自己是一个幸存者。有敬畏心的人,才能得到高于自己的人的托举和善待,所以能不断获得前行的力量。如果我一讲孔孟、老庄、程朱、陆王,就犯困或者茫然,就是因为敬畏心还没有长出来,没有达到和圣贤对接的高度。敬畏是教育的第一法门,也是一个人精神结构的核心。

敬,需要信来滋养。

一切事情的推动力,其奥秘就在这个"信"字。

"信为道源功德母"(《华严经》)。信,是道之源头、功德之母,道法大海,信为能入。

第一是信心。首先,相信自己天生带有一种使命,此生因使命而来;其次,相信自己意味着接受自己,接受自己的不足,接受一时的失败,进而强化自己的优势、长处,在小成功中不断累积信心。从这个意义上讲,自信是人格的核心,连自己都不相信的人,没有人会信他。

第二是信任。"信心任物"是也,然而,受人信任,或者信任别人,很难建立。我的切己体察是,信任是一门技术,这门技术叫作"确认"。委托了别人一件事情,或者受人委托完成一件事情,需要不断确认、反复确认,信任就建立起来了。

第三是信念。心心念念,念正则必达。有了"信"之后,深信之,至诚无息,日日不断之功,让内心始终在信念下的作用下运行,这样的人才可以叫有信念的人。

第四是信仰。所谓信仰,就是仰望并坚信未来理想的自己,并勇敢地走过去。信,终将成为我们一生的财富。中国的文化自信,难的也是"信"这个字。

对中国文化的信,看得见的或者看不见的我都信,这样才能得到文化的滋养,才能根深叶茂。终极的"信",是深信并仰视自己生命高处供着的某种东西,把生命放在其中去体悟、实践,真正活出一分光,这就是信仰了,是我们最终要到达的地方。就我个人而言,教育就是我的信仰,在我的生命中,没有任何一件事能够超越它的高度、价值。

教育,应当从信心开始,再到信任,然后到信念,最后上升到信仰的层面,否则必然走向世俗化。

三、教育的知与行

为什么懂得了很多的道理,却依然过不好这一生。

中国文化,都是微言大义,要自己去悟,先贤圣哲的一个字、一个词、一句话,往往都值得"活进去",再"活出来"。

道理,只是一个说法,化在自己的身体里、血液里,才是真经。哪怕是圣人之言,我们懂得的只是天上的云,现实生活中,我们真正需要的是落到地上的雨。也就是说,道理高于我们的存在，但只是停留在道理上的人，往往见不到光，是在黑暗中睡着了未醒呢。

知而不行是下愚，这时的"知"只是一份安慰剂。《论语·学而》中讲："敏于事而慎于言。""敏于事"，行动比语言慢，所以需要敏捷、利索，关键还要有"眼力见儿"；"慎于言"，说话太容易，所以要慢半拍，轻易不说，说了就要求每句话都砸在人的心里。

修行，关键在"行"，把道理付诸行动，在行动中不断发现自己、强化自己的明。这不仅仅是说到做到，而且是对自己的内心无憾的回应。"力行近乎仁"（《礼记·中庸》），就是去做，教育的一切答案在行动中。换言之，教育是用我们的生命介入，然后用自己的生命影响生命。这至少包含以下要旨。

首先，你站在那里就是教育。有意义的教育，并非传授知识和道理，更非控制和管理人的言行举止，而是不断修正自己、修行自己、修炼自己，让自我形成一种良好的生命状态。这时候，你身上有光，站在远处或高处像一盏灯，让人循着那光走去。也就是说，教育，是引领，是唤醒，是心灵与心灵之间的感应，是生命与生命之间能量的流动，互相滋养，而非其他。

其次，教育就是教育者不断地发现自己。教育者的生命，应当是生命的内在能量外化并借助于丰富的想象力而显现得更加绚丽多彩、卓尔不群。需要不断清晰的是，教育在我们生命中的位置，教育究竟能给我们带来什么。

最后，教育做到最后一定是文化。文以化之，以文培元，进而把孩子成长过程中的烦恼和艰难化于无形,这样才能把孩子带到一个开阔的地方。

四、教育的明与亮

王阳明临终时的遗言:"此心光明,亦复何言。"(《王文成公全书》)

我们身边,很多人都有光,但因为我们自身暗淡,所以我们视而不见。只有自己身上释放出一分光,才能感知别人身上的光,才能照见这个世界。这时,这个世界是无比清晰、无比美好的。

我们的教育并不缺乏知识、学问、道理,而缺乏光——智慧之光、道德之光、人性之光。

明德之人,就是内心有光的人。

明,是自知之明,知道自己是谁,应该站在什么地方说话,知道自己吃几碗饭、能做什么,然后把自己能做的事情充满敬意地做到极致。内心光明的人对别人、对自己没有对抗,生命中的一切都在内心的光照下,都能够透视到表象背后隐藏的美好和秩序。

内心的光明,来自:

首先是行有不得,反求诸己。把空间留给别人,不给人添麻烦,不给别人挡路。

其次是吾性自足,不假外求。我们身上就有别人拿不走的

"富贵",把圣贤之道,一条一条地对照实施、切记体察,把心定在山顶上,太阳出来也先照你。

最后是心怀大愿,发明义理。心中有义理,生活中就是表达义理并且扩充义理,越是讲义理,人和人之间的冲突越小。心怀大愿,走到哪里,哪里就是学校;光照到哪里,哪里就是课堂。

人都怕暗,如果教育者自身暗淡,孩子就会觉得暗,就容易陷入思维的黑洞。一颗阴暗的心永远托不起一张灿烂的脸。

把孩子的心灯点亮,从暗到亮,开始的时候看不见自己,只看见别人,渐渐看见自己了,就有了亮度。

以上是构建本书的四条线索,一以贯之。

本书的内容是从我的近二十年的上千场即兴演讲、谈话以及笔记中提炼的,可以说都是干货。想通过一道一阶、一阶一道的呈现方式,便于读者自由地阅读,或可选择自己信的任何一条,停下来端详、觉知,然后化入自己的血液之中,直至消失。

可以说,本书的每一条内容,都是我用自己的身体焐热了的、切己体察过的,水平不高,或许登不了大雅之堂,但一定有温度。我相信这个世界上一定会有一个人,和我产生内心的共振、能量的互换。

目 录

001　教育的认识论

095　教育的价值观

193　教育的方法论

285　后记

教育的认识论

- 跳出教育看教育

- 当鞋合脚时，脚就被忘记了

- 教育的秘密藏在"仁"字里

- 命运，就是你遇见的人

- 教育者的姿态是站成一棵树

- 教育者的快乐，在别人想象之外

- 把心掏出来做教育

- 只要心地好，种什么长什么

- 摁着"牛头"吃草，是教育的困境

- 智慧就是知己无知

- 平常心是教育的底线

- 执着于教，教育必然失败

- 用实在培养实在

- 心量大，教育才能做好

- 梅花的暗香就是它的布道

- 烦恼是智慧扬起的鞭子

- 教育，从放松身心开始

- 目光短浅，是教育的痛点

- 教育者的自我发现

01
教育是什么

教育是教人好的，教人向善向上的，一旦偏离了这个原点和初心，就做不下去了。

教育是什么？

首先，教育面对的是人。

马克思在《关于费尔巴哈的提纲》中说："人的本质不是单个人所固有的抽象物，在其现实性上，它是一切社会关系的总和。"这里的"关系"，涵盖了人和自己，以及人和他人、人和社会、人和自然之间的关系。

其次，教育面对的是生命。

每个生命都是独一无二的，每个孩子都有独特的发展路径和成长节奏。所以，需要尊重。尊重就是"圣人不扰""勿忘勿助""静待花开"。

最后，教育面对的是人的灵魂。

这是教育之所以神圣的原因。因此，教育者的内心一定是纯净的、高贵的。教育者的理想姿势是，把心定在高处，打出一分光，人们的灵魂因此得到指导，从此不再迷茫。

02
培养真正的人

教育的严肃性在于，通过引导、协助、激发等手段，把孩子带入人类文化之中，让他们过上完整、幸福的精神生活，成为一个真正的人。

教育者的光荣与成就在于全身心地融入每一个生命的发展中。因此，做教育不能没有虔诚之心，否则我们就变成"劝学专业户"。

03
健全人格

如果精神世界是破败的或简陋的，定然导致人生命状态的低迷和乏力；反之，精神世界的伟岸、庄严、阔达，让人行稳致远。

人格，是一个人精神世界的基本构成，包括世界观、人生观和价值观。这三者是统一的。

一个人的人格，就像一间屋子，世界观是屋顶，人生观是承重墙，价值观是地基。世界观是一个人对整个世界的根本看法，它决定一个人视野的开阔范围；人生观，主要回答什么是人生、人生的意义是什么、如何实现人生价值，人生观决定一个人做事的恒心和专心；价值观是推动并指引一个人采取决定和行动的原则、标准，反映人对客观事物的是非及重要性的评价。价值观决定一个人面对现实的热情和动力。

心理学研究表明，一个人在人格上的某一种缺陷，将导致其一生碌碌无为，即使很努力，也不会成为优秀的人才。

已经确认的人格缺陷包括：一、总找借口；二、怯懦；三、拒绝学习；四、犹豫不决；五、拖延；六、三分钟热度；七、害怕拒绝；八、自我设限；九、逃避现实。

04
人格的阶梯

按照孟子的观点，培养优美的人格可以分六层阶梯：善、信、美、大、圣、神。一道一阶，勇力精进。

第一阶："善人"。

人性有善有恶，遇到善人善事，自然喜欢。如果一个人立身行己，只见得他可爱，不见他可恶，做一个大家都能接受的人，就是善人了。

第二阶："信人"。

如果一个人没有一点点自欺欺人，守时守信、实心实行，那么他就是信人。因自信而得他信，他因此会拥有更多人的托举、追随。

第三阶："美人"。

有善有信，但蓄积还不够，还不足以称之为美。唯有日久积淀并保持住，而悉有众善，充满快乐，无少间杂，则含章于内，这才能叫"美人"。

第四阶："大人"。

成为"美人"，靠积累、靠量变，但要成为"大人"，则要靠质变。积善积信日久，自然显著，通畅于四肢，发于事业，以至于广大高明，自带光芒，这就是"大人"了。

第五阶："圣人"。

大行其道，大而化之，从容中道，厚德载物，化育天下，能以无形之力，去感化、教化、成就他人，这就是"圣人"了。

第六阶："神人"。

"圣人"再往上走，就是"神人"了。按照孟子的说法，既然是神，我们不可知，他活在另外一个维度里，所谓"出神入化"。

05
养人如养玉

养出健全优美的人格，和古人盘玉一样，分成三个境界。

一是"武盘"。

用白布裹玉，反复摩擦，使玉的温度急剧升高，使杂质迅速抛离，玉沁逐渐凝结，形成光泽，使玉焕发出其本来美丽光泽，时间至少需一年以上。在教育上，"武盘"即"严格的训练"。

二是"文盘"。

将玉盘玩于手中，或贴身而藏，用人体的温度温暖之、呵护之，日久天长，玉与人合一，玉养人，人亦养玉，这个时间大约是三年、五年甚至更长。培养习惯，更像"文盘"，开始我们养出了习惯，最后习惯养出了我们。

三是"意盘"。

格物致知，参悟玉之美德，与自己精神成长联系在一起，玉有五德，喻为人有五德，日日精进，以达到文化育人之境界。养成人格的最高境界是文以化人、以文培元，形成良好的文化氛围，物我互养，道器合一。

06
跳出教育看教育

跳,是视角的转换,更是高度的超拔。至少要三跳:

第一跳,跳到文化层面上看教育,关乎人文,以化成天下;

第二跳,跳到人类学层面上看教育,掌握人性规律,顺应天道;

第三跳,跳到哲学层面上看教育,遵循前因后果,打通此、彼世界,从根本上解决问题。

跳,不是目的,跳是为了看见教育的起点和去向。

07
教育是一种大智慧

智慧有大小之分。《庄子·齐物论》中说:"大知闲闲,小知间间。大言炎炎,小言詹詹。"大智者,总是关注事物始末,关注大局,具有宏观的思考、战略的思考,因而言谈有气势、穿透力，美好又盛大；而小智者，琐碎、啰唆、重复、磨叽，对一时的是非对错斤斤计较、废话连篇，实质是在低处失于从容。

做一个有智慧的教育者，即：别人服你、喜欢你，跟你在一起很舒服；在你面前，学生可以敞开心扉；尤其重要的是，别人愿意把自身的问题暴露于你的面前，请你"下药诊治"，其实，这时问题已经解决了90%。

这种大智慧，正是子贡总结孔子的五个字：温，良，恭，俭，让。

"温"，温和，厚重，对人的态度，无一丝粗暴，让人舒服。面求温，言求缓，不以自己的急催化别人的乱，让人在我们的温缓中，找到自己生命的节奏。

"良"，平易正直，与人为善，吾心光明，无一丝矫饰，真诚直抵人心。用良知唤醒良知，因为良知，我们才可以拿捏语言和行为的分寸。

"恭"，心有敬畏，对人恭敬，无一丝傲慢，敬畏别人或者让人感受到你的敬畏，等于把别人放在高于自己的维度上看待，这才是"庄敬"的真正含义。

"俭"，不放纵自己，任何时候不放松对自己的要求，收敛和缩小自己的欲望和期待，给人留出自我调整、自我反思的空间。

"让"，是"恕"，虚怀若谷，把好的东西让给别人，不好的东西不让别人遭遇，或者自己拿过来不动声色地化掉。

08
教育的问题，主要靠内部来解决

做学问、做教育，要进去学，不要站在外头看。解决教育的问题，主要靠内部，而非外部的批判与解构。因此，回归教育的本质，以"指向自我的伟大实践"为宗旨的改革和创新，将使中国教育迎来明媚的春天。

教育内部的关键是创造条件，让学生自教，人类具有语言和思维的高级本能，是可以成功自教的。

教育者的三种存在方式：

第一种是"卖馒头的"，人们饿了，吃下馒头饱饱的，让人满足；

第二种是"种小麦的"，育出质量好、纯生态的小麦，或让人磨成面粉、做成馒头；

第三种是，不卖馒头，也不研究如何种麦子，而只关注"养土"，把土养好了，人们在上面种什么长什么。

09
教育的本体和客体

树是本体，可人们喜欢追逐的是树的影子，树影婆娑成虚幻，迷茫此中竟未知，殊不知影子只是客体。

教育的本体是提升人的生命价值与生命质量，客体是为社会、为国家培养更多、更好的人才。

教育，不管刮什么风，东北风、西南风，风从来没停过，每隔几年刮一次，这就像一棵树，有风有雨，才更加潇洒，否则站在那里是死寂的。刮风归刮风，但育人这件事儿，从来没有改变过。

10
教育的原动力，来自童年

教育的原动力，隐藏在每个人的内心深处，我们看不见但时时能感觉到。

我们知道，每个人成年后走什么路、遇到什么人、走到什么程度，似乎早已被注定。或者说，童年时的某个念头，就像一枚种子，它会慢慢长，有一天遇见了合宜的条件，就会生长，开花结果。

童年，是人成长中的原动力所在。应该赋予孩子一个怎样的童年，值得教育者深思。

在每一个人的童年里，都隐藏着很多长大后可能不会显露的"基因"。也就是说，人的起点非零，儿童具有语言的、思维的、学习的、创造的本能，因而人是天生的学习者。我们有必要通过调动儿童的本能力量，形成教育新的动力方式和动力机制。

11
人生是自觉构建的

人生的主要部分是由自觉构建的，人区别于动物之处是有自我意识。这包括规划自己、更新自己、创造自己。自我意识越强的人，一般成就越大。

人生的另一部分则是被"逼"出来的，比如走到悬崖处，无路可逃，被逼着学会了攀岩或飞翔，成为非凡之人。

12
当鞋合脚时，脚就被忘记了

造成青少年教育障碍最主要的原因在于，教育实践在他们面前以赤裸裸的形式进行，而就孩子的本性而言其是不愿意感到有人在教育他的。也就是说，真正的教育应是一种"潜教育"，当孩子意识到他在接受教育的时候，教育已经失去意义。

教育要像呼吸一样自然，呼吸不自然了，就是"感冒"了。教育的力量在于让受教育者感觉不到教育的存在。

人的学习是一种高级本能，我们是教不会的，也可以说是天教的。比如喝水或吃饭，可以教孩子喝水、吃饭，但喝水、吃饭的核心是"如何咽下去"，对于这一点，我们是无能为力的。我们能做的是，引导、协助、激发、守望。

13
始终站在规律上说话

人站在规律上说话，他会很舒服，别人也容易亲近他、信任他。

什么是规律？

规律是一种秩序。万事万物的存在，是有秩序的，当我们清空自己，做到无我，就能感受到这种秩序的存在，会震惊于这种秩序的美。

"物有本末，事有终始。知所先后，则近道矣。"(《礼记·大学》) 这讲的就是秩序和规律：

一是本末，究其本末始终而穷其理；

二是先后，事有先后、缓急，归其位，循其顺序；

三是终始，慎始，才能善终，做决定要慎重，并要有退出方案。

教育者优雅，是因为其始终站在规律上说话。

14
教育的秘密藏在"仁"字里

"仁",是生命的核心,比如瓜子仁、核桃仁、脑瓜仁。

首先,仁是恻隐之心。好生恤死,是人之常情,遇见可伤、可痛之事,生发不忍之心,这是人区别于动物的重要特征。时时坚守自己的恻隐之心,人性之光便焕然复明。

其次,仁者乐山。山是静的,高山仰止,万民仰望。山是一个平台,万物都可以在这里生长,谁也不嫌弃,厚德载物。相对于智者成就自己,仁者则是成就他人。

再次,仁者不忧。张居正说,仁者克己复礼,涵养纯熟,浑然天理之公,绝无私欲之累,故能顺理安行,心广体胖。

最后,我欲仁,则斯仁至。坚信自己是一个好人,并且始终用好人的标准要求自己。

一切的出发点都是仁,居仁由义,才能善用自己的才能,才能成事,也能保身。反之,有才能,却对君子仁、义、忠、信之道茫然无知,一切都是"实用主义",那其一旦有机会做事,处于必争之险境,启衅招尤,必然招来杀身之祸。

在教育上,大师之所以是大师,不是因为他的学识和智慧,而是因他的仁慈与宽厚。

15
教育的起点是把人的信心"扶起来"

信的四个层级：第一是信心，第二是信任，第三是信念，第四是信仰。

教育的起点是培养人的信心，就是把人的信心"扶起来"，人一旦在某件事情上获得7次或7次以上的小成功，如果每次都能得到及时、积极的反馈，就会渐渐沉淀为其人格化的信心。

孩子的学习长期不理想，做人就没有信心，而信心是人格的核心。

16
教育做到极致是文化

虚云大和尚修到最后，就三个字——"不生气"。为什么他能做到不生气？因为来了不好的东西，他都能"化"掉。用什么来"化"？用"文"来"化"，是为"文化"。

什么是文化？打一个比方，一座桥上若没有栏杆，即使能通过，你也未必敢把车开上去，但有了栏杆就可以大胆开上去了。文化的作用，就是栏杆的作用，可以让我们放心、安心。

教育，需要文化的介入，通过参悟文化，唤醒我们内心的美与静，文化引着我们走向良知。在良知处看世界，世界如此清晰，充满秩序和美感。

重读经典，就是努力谋求和先贤圣哲在文化殿堂里相遇，让文化成为教育这片天空里最明亮的恒星。

教育最终要去的地方是文化，即文化育人。文化应融入我们的衣食住行之中，否则文化只是一种假象。

我们每天都生活在文化中，就像鱼儿生活在水中，文化不是虚无的道理，而是活生生、摸得着、可以亲近的生活。

教育者本身的存在，就应当包含一种文化、一种气度，包括内心高度、精神品质以及眼光。人有了文化，让靠近他的人，能够不知不觉化掉身上的不安、狭隘、局限甚至痛苦。

17
天人合一

天人合一是中国文化的根本精神。

天人合一，首先要理解天是什么。《中庸》认为的天道是一个字：诚。天地因为诚而称其为天。

人如果也做到了诚，不自欺也不欺人，守时守信，言行一致，任何时候都诚、对谁都诚，人和天就合在一起了，即天人合一。

18
正本清源

中国文化的演变发展，分为两个阶段：

第一阶段，秦汉之前，以孔孟儒家、墨家、道家为正宗，兼以诸子百家，这是一个大的系统；

第二个阶段，东汉末年佛学进入中国，一直到宋，佛学渐渐与中国文化融合,形成儒、释、道三家"大店",自此以降,以这三家"大店"为正宗,兼以其他学问,成了一个更新之后更加完整、稳固的系统。

我们有责任站在先贤的肩膀上,传承中国文化,但真正的传承是,将主流的、正宗的、经典的东西化在身体里。

文化育人,要遵循正本清源、返本开新的原则。

何为本源?按南怀瑾先生的解读:

> 儒家像粮食店,是天天要吃的。我们离不开的东西是粮食,三天不吃,只吃洋面包,肚子会出毛病。释家像百货店,里面百货杂陈,样样俱全,有钱、有时间,就可去逛逛,买和不买,社会都需要它。道家则像药店,不生病不去,生了病非去不可。中国历史上,每逢变乱,拨乱反正,道家就起作用了。道家思想,包含了兵家、纵横家的思想,乃至天文、地理、医药等,博大精深。

南先生还进一步指出,对于个体而言,应当是将之内化为三个修行的境界,即:儒为表,以礼为中心,修炼纯正的德行;佛为心,内心永远保持清净;道为骨,内在的坚强,所谓"仙风道骨"是也。

19
强势文化与弱势文化

所谓"强势文化",就是天道,是顺应天地万物之规律,就是下足笨功夫,只问耕耘、不问收获。这些看似普遍寻常的东西,恰恰是揭开高思维空间的密钥,拥有了这把密钥,就可以唤醒人的灵魂,启发人的觉悟,其背后就是功德,就是价值所在。

所谓"弱势文化",就是时时企图破格获取,天天想着走捷径、"弯道超车"。这样的文化只能造就弱者,一看见机会就往前扑,一看见好处就想往家里搬,内心始终在泥泞里挣扎、纠结,痛苦不堪,即便一时得到了所谓的名、权、利,也守不住,因为德不配位,迟早要还回去。

20
把教育放在一个空间里解决

空间是文化的一个重要具象。

我每每踏进一座古刹之际，总会心生一种静默敬谨之心；遇见佛前蒲团，会有下跪叩拜的由愿。竹影扫阶尘不动，月穿潭底水无痕。这是寺庙的一种"场"，对人产生了一种无声息的影响，还可能将触及人的灵魂。而这个"场"是由成体系的物化元素构成的，比如笑而不言的佛像、萦绕的香火、古树、梵音、合十的双手、木鱼、修行者的衣履念珠、佛经等。这是值得我们学习的。

我有一个小小的茶室，很安静，十几年间来去的校长应该不下千名。来过的人都会有一个感觉，这是一个能让人心静下来的地方，即便是一介粗糙人，进去之后，声音会不自觉地变小、动作会变得轻柔许多……其实，这和我个人没有关系，有关系的是室内的古书、大师书画等，还有我一定会奉上的那一道老茶。它们不经意地站在那里，无声息地歌唱。在它们面前，我们是那么渺小。

教育做到最后，一定是一个让人心安、沉淀深厚的空间，把教育放在这个空间里，让每一件有文化、有生命、有价值的教育物质，站在它合宜的位置上，秩序井然、不言而教，但入心入骨。教育的问题都可以在这里得到解决。

21
教育的道,是王道,而非霸道

《孟子·离娄上》中讲:

> 天下有道,小德役大德,小贤役大贤;天下无道,小役大,弱役强。斯二者,天也。顺天者存,逆天者亡。

大意是,天下有道时,就尚德,人人修德,位置高低由德行厚度决定;天下无道时,就尚力,拿实力说话,小不敢敌大,弱不敢敌强。

教育的道,是王道,而非霸道。王道,圣贤认为就是"师文王",周文王起于岐周,不过百里之地,当时商朝正处于全盛之际,而周文王修德行仁,近悦远来,以此奠定了周朝的巍峨大业。

22
教育之道是安心之道

教育可以化解人的不安。

一、无我,即安心。

无我,就是不断缩小自我,缩小到比尘土还小,嵌在别人眼里也不会让人不舒服,以至人人都能接受你,你和谁也不对抗。

二、接受,即安心。

接受,是筑底,是建立精神上的护城河。

首先是接受失败。凡事只问耕耘,不问收获。成功了皆大欢喜,失败了也能接受,至少问心无愧。因此,凡事先想失败,先问最坏的结果,而凡事想得过于理想,最后结果是什么,你都接受不了,因为永远达不到期望。

其次是接受自己。不可停留在那些自己建立的负面概念上,比如"失败""别人看不起你""丢脸"等。这些概念再加上自己的情绪,比如"恐惧""忧虑",就变成捆住人的绳子了。

最后是接受他人。我们会莫名其妙地对别人有要求,甚至比对自己的要求还高,那就不得不郁结于心了。时间长了,内心的痛苦就来了,根本化解不了。人哪能要求得了别人呢,人只能管好自己。

23
命运，就是你遇见的人

人的一辈子，瞬息而过。

一个人的人生轨迹，其实就是由"你遇见的人"描写的。所谓邂逅，所谓缘分，从根本上说，其实是一种命运。

所以说，命运就是你遇见的人，包括折磨你的人。

何况你的孩子、你的爱人，还有你的学生、你的老师，他们都是构成你命运的重要组成部分。善待命运，就是要善待你周围的人。

24
每一场关系，都有它存在的意义

我们总以为无法持久的关系就是失败的，就好像死亡总被以为是一种失败一样。其实，每一场关系都有它存在的意义，当意义消失时，这段关系就已经圆满。

席慕蓉在《无怨的青春》中写过这样一段话：

在年轻的时候，如果你爱上了一个人，请你，请你一定要温柔地对待他。不管你们相爱的时间有多长或多短，若你们能始终温柔地相待，那么所有的时刻都将是一种无瑕的美丽。若不得不分离，也要好好地说声再见，也要在心里存着感谢，感谢他给了你一份记忆。长大了以后，你才会知道，在蓦然回首的刹那，没有怨恨的青春才会了无遗憾，如山冈上那轮静静的满月。

25
好的关系胜过一切教育

关系，就是我们每一个人的情感线索与精神维度，对于教育来说，好的关系大于一切教育。

什么时候与孩子关系好，什么时候教育就容易成功。

人和人之间的关系，尤其教育者和受教育者之间的关系，对方感应到了你真的在乎他，教育就出现了；反之，教育就离场了。

26
偶然性为必然性开路

遇见什么人，做成什么事情，读到一本好书，起个什么念头，等等，都是一种偶然。任何一种偶然，又隐藏在必然之中，我们似乎能感觉到有一只无形的手在左右这一切。

一切偶然性都是为必然性开路的；一切必然性都潜伏于心灵深处，是潜意识状态。不经意的偶然，是必然性得以发挥的重大契机。也就是说，我们生命中的一切遇见，都是有意义的。

教育的问题，大多是偶然性的，从偶然性中获得必然性的线索，从而顺藤摸瓜，进而掌握规律，就可以做到心中有数，这里的"数"就是尺度。

27
没有体验就没有教育

孩子需要有自己的世界,他在这个世界中摸索、碰撞甚至疼痛,在这个过程中知道问题的边界,找到解决问题的方案。任何粗暴的干预,都会让孩子在找寻坐标的过程中感到被监视,甚至感到被羞辱。

28
让心回家

心不在腔子里,在外头飘着,就很容易被所谓的"机会"以及邪的东西带走。心回不了家,何谈"主静"?

让心回家,靠归位、定位、到位,然后立志把全部力量放在志向上。

教育的归宿本来就在心灵深处,我们应当引领人往心灵的深处走,获得更深、更广的生命体验。

29
人的发展本质是特色发展

人类都向往独具一格,这是生物性。换言之,每个人都渴望成为一个独立的、具有特色的人。

人的发展,本质上就是特色发展。人的特色发展,需要外部世界提供有利的"确认系统",包括期待、信任、机会、评价等。这恰恰是现代教育的精髓所在。

有意义的教育,应当是协助、激发人特色发展的。

30
教育是一种状态

同样的一句话,不同人说出来的效果明显不同。因为,一句话中,语言只占15%,表情占30%,人的状态占55%。

教育本质上是一种状态,一个教育者修到了一种良好的状态后,坐在那里,站在那里,自己就是教育。

31
教育者的姿态是站成一棵树

树欲静而风不止。"风动"形成了树的潇洒，然而树根的扎实、树干的坚定和硬朗，则是其自由潇洒的前提。

在这里，"树根"可喻为文化的底蕴和德行的厚度，"树干、树枝"则可喻为正派的作风与卓越的思维。

32
这些知识是好的，应当让你们知道

一位数学教授这样写道：我现在所教的数学，你们也许一生都用不到，但我还要教，因为这些知识是好的，应该让你们知道。

但是，圣贤教诲有三种情况是不能教的：

一是不困不教，没有困惑无从切入；

二是不敬不教，心中有敬的人，才能赢得别人的托举，学习时感悟才会比较深；

三是不信不教，佛不渡无缘之人，天不佑无根之草，这里的"缘"和"根"，就是信。所谓"信道不笃"，笃实坚定，守死善道，而不是意念纷纭，把持不定，遇到一点儿困难，或看到一点儿利益，就守不住，就放弃原则，那还是不信，那么，道也就死了。

33
平淡天真，是极致的生命状态

人这一辈子，痛苦只有5%，幸福也只有5%，剩下的90%都是平淡。

茶，喝到七八泡后，渐渐会变淡，淡亦有味，静下来体会，淡的背后仍有一丝丝甜味。平平常常的一碗米饭，不用吃菜，慢慢细嚼，可以品到别样的甘甜与芬芳。

"平淡"。"平"，看平人和人之间的差距和不同；"淡"，功名利益之际，需看得淡，与名利保持适当的距离，把揪心的事情挪得远一点儿。再有，"君子之交淡如水"，不尚虚华，但历久弥新。

"天真"。去"伪"即为"天真",天真之人,真诚善良,不自欺欺人,不装腔作势。所以,内心强大到很难被束缚,心灵是自由的,他可以到达一般人到不了的深远辽阔。那里很静、很美。

34
教养,修养,涵养

教养,是懂得基本的礼数和待人接物的常识,是在心里始终装有别人;在实践上就是一个人对自己的控制能力。

修养,是把省察和存养变成习惯,也就是要养成"复盘"的习惯,随时反省,给自己纠错。曾子曰:"吾日三省吾身:为人谋而不忠乎?与朋友交而不信乎?传不习乎?"(《论语·学而》)修养最后就是养成习惯,习惯是心里痒痒的感觉,不做还不舒服呢。

涵养,包括:涵养下自己的痛苦、艰难和一时的穷困;涵养下他人的错误;更要涵养下自己的不足。有涵养,人就像莲花,根在淤泥里得到滋养,花朵冰心玉洁。一个人有涵养,任何时候都会把自己君子的一面呈现给这个世界;一个人没有涵养,随便说一句话,都会伤人。

35
正气足的人，易形成大气场、大格局

正，是止于一，这里的"一"是天地，正而远邪，是天道所向，是中国文化"四梁八柱"关键的一根支柱。

相对于邪气，正气往往显得很弱。当一个人心思散乱或者消沉时，邪气就会进去，邪气的力量很大，一旦进入一个人的内心，它就主宰人的灵魂，并屏蔽一切正的东西。一个人一身邪气，就必然无礼、骄奢、浮躁，什么话也敢讲，什么事都敢干，直至疯狂或者毁灭。但一旦正气在人身体里长出来，人就会有一股君子之气象，易形成大的气场、大的格局、大的气派，就有了强大的感召力。正气比较强的人，不去迎合、献媚、讨好于人，因为他无需这样，行走之处皆可得到人的照顾。孟子讲："我善养吾浩然之气。"正气生发出来，以正祛邪，邪气就被逼出了。

文天祥在《正气歌》中讲："天地有正气，杂然赋流形。"天地之间是有正气的，只是我们要认识到。它看起来很柔弱、不明显但力量绵长有序；它很清高，你不理它，它也不会理你；正气，很宁静，不喧嚣，它只托举把腰弯下的人。

要立正气，在于修公心，把私心控制在一个小的范围内。有了公心，就像有了正气生长的土壤，浩然之气就会随之长出来。

36
主动拦截不好的东西

在我们的生活中，太多无意义的、消极的东西充塞了我们的本已疲乏的内心，比如各种信息、各种猜忌、各种测试、各种八卦……这些每天得耗费我们多少宝贵的气血。而"精神内守"就是要减去那些多余的东西，让自己的注意力集中到重要的事情上，从而涵养出充足的气血。

孔子的告诫是"四勿"："非礼勿视，非礼勿听，非礼勿言，非礼勿动。"(《论语·颜渊》) 这实质就是主动拦截不好的东西，防止其进入我们内心。

一、"非礼勿视"。要懂得保养我们的眼睛。热闹而无聊的信息可能是大伤气血的"毒箭"，我们要学会甄别，精中选精。

二、"非礼勿听"。闲杂的声音只会让人心思迷乱，除了噪声，害人气血更厉害的是恶毒、充满邪气的话语，要远避之。

三、"非礼勿言"。不好的话、没用的话、大话、谎言、讨好的话、闲话……这些话不仅损伤气血，且易招来无端祸患。

四、"非礼勿动"。勇于减去多余动作，少动作，少作为，剩下的，就是需要下大功夫作为的，一旦动作，必是到底。

37
世故是教育的敌人

心体莹然方可归于本真，教育就是以本真之心唤醒另外一颗本真之心。

教育真正的敌人是世故。世故的一个特征是"不再感动"，《易经》里讲"咸心为感"，有一颗时时能感动的心，也就有了侠骨柔肠，有了生活的动力、生命的激情。

使人灵魂变得高贵的一条捷径是——感动。但是，人的感动无法通过训练获得。当我们感到需要学习感动时，感动就不存在了。心软的人才能感动，铁石心肠的人往往缺乏感动的体验，而心软来自德行修养，德厚之人容易心软。

感动是唤醒美好人性的钥匙，感动还是人实现觉悟的起点，因为由感动而伴生的感悟与悟感，是人学习的终极模式。

38
教育者的快乐，在别人想象之外

快乐的基础，一是安心，安全感；二是爱，你爱大家，大家也爱你。

快乐的逻辑是忧在前、乐在后。因为你的担当，大家都快乐了，你才快乐。也就是说，快乐的本质是"后乐"，"后乐"是前面所有人快乐的堆积。

教育者的快乐，毋庸置疑，是"后乐"，这是宿命的荣光和幸福。

39
教育的人生，从自卑，到自信，再到自然

一是"自卑"，人对自我的觉知是从自卑开始的，这个阶段

通常以自我尊严的要求示外，以谋求自主与独立。自卑，并非看不起自己，而是把自己放到低处，崇高尚高。

二是"自信"，形成正向、积极的自我概念。人格开始形成，对自我的把握感逐渐增强。

三是"自然"，逐渐放下自我，顺应自然。在自信的山巅上从另外一面山坡走下来，无为，无所不为。

40
把心掏出来做教育

一个人通透而真实无伪，才能通透、透光。

《论语·雍也》说："天地以至诚生物。"所谓"诚"，即内不欺己，外不欺人；上不欺天，下不欺地。天下之物，都有一个真实无妄的天理、物理，因为此，它才生成物，否则就生成另外其他物了。所以说，诚者，物理之所以自成也，人也是自成的。张居正打比方说，实心尽孝，才成为人子；实心尽忠，才成为人臣。

人能够生存于世，并得以善终，那是因为他真诚，一言一行皆有忠信；欺罔之人如果也能生存，甚至还能善终，那是侥幸。

也就是说，做人，要的不是什么智慧，而是诚意；智慧再高，也做不下去，只有诚意才能做下去。

真诚与纯粹是教育的根本精神，也就是"把心掏出来做教育"。一是对人都诚，任何时候都诚，没有例外；二是诚不是拿来要求别人的，诚是自己的事情，至于别人诚不诚，是由我们自己内心中诚的程度所反映的，而不是我们要求出来的。

41
一步一步踏足大地

如果你知道了自己要去哪里，要成为怎样的人，全世界都会为你让路。

而行走或奔跑，无论快，还是慢，关键是要一直往前，用力一步一步地踏足大地，这本身比去哪里更加重要，因为这是生命的立场。

有人走路，听他的脚步声，就会让人心安，而有人的脚步声，让人感到一种沮丧和不安。踏实的意思，正是每一步都踏实、踏足。

教育者的脚步，应当一步一步踏足大地，让周围的人感受到一种沉静的力量。

42
向道之心

道，无处不在，人不可须臾或缺也。

但，人们对于道，尤其是教育之道的尊崇与追求，会有三个层次。

一为"知道"，就是理解、懂了，甚至还能解读与传播。但有时，"知道"是内心傲慢的表现。

二为"晓得"，即通达、透亮，心领神会，"知道未必晓得，晓得不必知道"，晓得者，内心光明，身体力行。

三为"上供"，是信仰层面的，将信服了的道，顶在头上，天天上供之。

孔子一生都在追求道，但不敢说自己已经悟道、得道。屈原在《离骚》中抒发了同样的感叹："路漫漫其修远兮，吾将上下而求索。"

道是什么，是事物当然之理，世间的一切都由那个道管着。

千万不要轻易说"我知道"。我们真的"知道"吗？

43
大道甚夷，而民好径

人，世世代代都一样，见路不走，非要翻墙寻捷径、走后门，这叫"行不由径"，是人心里的一个痛点。

为什么呢？大门大道，人们认为一眼就可以将其看穿，没什么稀奇，然后往别的地方瞟，找找有没有捷径。殊不知，所谓的捷径，都是骗人的。

尤其是近几十年的中国，利字当头，很多人都被人性的弱点所困，贪婪、虚荣、侥幸。若随波逐流，必然会成为钻营之人，不巧的是，有一小部分人因此"成功"了。这使得"弯道超车""破格获取"成了"本事"，但实际上把人推向了更大的失败。

教育之道，大道直行，从来就没有捷径。

44
活在道心上

道心，是什么心？

正如前文中王阳明所讲，人没有两个心，只有一个心。人心如果归于正道就是道心，道心如果偏离了正道就是人心。

有志之士，他知道自己是干什么的，与天地对话，据理而行，在历史中找自己的位置，踏踏实实做好自己的事情，想的是百年以后自己能给这个世界留下点儿什么。

他并不蔑视衣食财富，只是不攀比于别人罢了。那些可怜的人，因为没有找到自己的使命，只能靠和人攀比财富作为动力。

人，要活在道心层面上。

道是万物产生的根源、万物运行的规律、认识万物的法门、济世安邦的准则、为人处世的智慧。这些东西，都是无形的，你看不见，也抓不住，但又无时不在、无时不有。一个人是不是在道上，就是看其是否依理而行。

45
人贵在有道，而非有才

《孟子·尽心下》中记录了这一件事。

孟子曾预言盆成括必然会被杀："死矣盆成括！"

弟子问他，老师怎么知道的呢？

孟子回答："其为人也小有才，未闻君子之大道也，则足以杀其躯而已矣。"

这不是一个预言，而是一种必然。

人不贵在有才，而贵在有道。懂得君子之大道，才能善用自己的才能，既能成事，又可保身。如果像盆成括那样，小有才能，但对君子仁义、忠信之大道茫然不知，那他一旦有机会做事，势必得志而恃才妄作，最后招来杀身之祸。

君子之大道，是护佑人的才华、才能的。没有道与德的护佑，才华和才能就像一把没有刀把的匕首，伤人伤己。

46
守清静，行笃厚

静是内心清净，清是清晰、看开，净是放下、解脱；行为笃厚，笃是扎实靠谱，厚是持重敦厚。

去过德国的朋友会发现，德国是一个高度清静、笃厚的国家。比如，在留学注意事项上，一般会有这么一条：不要在半夜上厕所、洗澡，以避免冲马桶、冲澡的声音影响其他人的安宁。再如，德国人对干净近乎苛刻的要求，如果你的门窗不够干净，会有人敲门提醒你该清洁窗户了。我们一提及德国的工艺、产品质量，会很放心。这不是没有道理的，这些都是守清静、行笃厚的一种体现。

47
修己以清心为要，涉世以慎言为先

修行，就两件事情：一是清心，把自己的心不断清空、洗尽；二是慎言，语少而有分量。

"清心"，外来的干扰很多，浮躁的、欲望的、诱惑的。我们一时无法清空，甚至还会用浮躁掩盖浮躁，用欲望替代欲望，人心会变得更加浑浊。最有效的方法是"拦截"，树起一座正向的、稳固的精神堡垒，或理想，或担当，或价值观，把不好的东西拦截在身体之外。

"慎言"，并非不言，而是言之有理、言之有味，并且坚持不在背后言人长短。最好的修炼是"闭着嘴说话"。

48
教育者心中有一座精神丰碑

诸葛亮在《前出师表》中首次提出"志虑忠纯"。我也常常将此作为心中的座右铭,时时对照检查,受益良多。

"志虑忠纯",主要讲两件事。

一是志向。

真正有志向的人,都是内心纯净、简洁的。志向的关键不在于有所为,而在于有所不为。有所不为,才能聚焦于有所为。

二是心思。

人的心思,最容易散乱,心思散乱了,就没了主心骨,就不能自主地选择和判断。我们经常讲的"丢了魂似的"就是指失去了自主精神。魂丢了,在利益、名誉、权力面前,很容易缴械投降,成为俘虏。

"志虑忠纯",是教育者心中的一座精神丰碑。

49
聪明，就像无柄刀片

孔子拜见老子，临别时求老子给一两句赠言。老子给了一句很厉害的话："聪明深察而近于死者，好议人者也。博辩广大危其身者，发人之恶者也。"(《孔子家语·观周》)

意思是：一个人聪明，体察精微，知识广博，能言善辩，值得点赞；可是他却时时处于危险之中，因为他喜欢揭人短处。这是老子在提醒孔子，你这样一个聪明人，要善于把聪明藏起来。

聪明，就像一把无柄刀片，能作武器，能伤人，但握得紧了，更易自伤。所以，聪明睿智的人，要用愚蠢自守；多闻善辩的人，要用木讷自守；大富大贵之人，要用节俭自守；广施仁德的人，要用谦让自守。

50
拥有有趣的灵魂

常言道：好看的皮囊千篇一律，有趣的灵魂万里挑一。

教育者，要拥有一颗有趣的灵魂，这包括以下四点含义。

一、动静自如。

静中有动，动中守静。

二、深刻幽默。

幽默的前提是深刻。深究事物的本质，打比方、举例子，把事情讲明白、讲透，一语道破天机，意味深长。

三、真诚达观。

有智慧的人，往往都是有趣的。因为他达观、豁达、不装、不自欺欺人，敢于调侃自己。东北人讲的"多大点儿事啊"，"多大屁股穿多大裤衩"，真是妙不可言。

四、触之也温。

太冷了，让人敬而远之；太热了，让人无所适从。37℃刚刚好，有人情味儿，可亲可近，让人觉得靠近你，很舒服，有安全感。

51
让内心流畅

从某一个角度上说，一切都是水到渠成，而非努力的结果，所谓"春来草自青"。

教育者应当让自己的内心流畅起来，即：随时，随性，随缘，随喜。

禅院里，一片荒凉。

小和尚和师父说："快点儿撒点种子吧，很难看！"

师父说："随时。"

师父上街时，顺便买了一包草籽，叫小和尚去播种。

一阵风起，草籽边撒边播。"不好了，好多种子被吹跑了！"小和尚喊。

师父说："没关系，吹走的多半是空的，撒下去也发不了芽。随性。"

半夜一阵骤雨，小和尚冲进禅房："师父，这下可真完了，很多草籽被雨冲走了。"

"冲到哪里，就在哪里长。"师父说，"随缘。"

一周过去了，原本光秃的地面，居然长出许多草苗，一些原来没有播种的角落，也泛起了绿意。小和尚高兴地直拍手。师父点头说："随喜。"

52
只要心地好，种什么长什么

人心是一片地，你种什么，就会长什么，这是因果。

首先是将美的种子种进心里，心地就会变得更加美好，进而散发出来，让周围的人能感受到这份美好，并能从中受益。

其次是将爱的种子种进心里。只是，爱也有真爱和假爱，种上真爱的种子，让孩子受益一生，真爱才能育真爱；而万一种的是假爱的种子，则会让孩子一辈子痛苦无奈、荒芜苍凉。

教育者的心地一定要好。就像种植庄稼，土地板结了怎么使劲都是徒劳的，教育的土壤就是教育者的心地。

教育者的生活应当简单朴素。行文简浅显，做事诚平恒。

教育者应当聚精会神。把精神集中起来，专注于手头上每一件事情。

53
把喜欢的事情做到极致

你喜欢一件事情,把它做好、做到极致,这本身就是一种福气。

人之意义,就是能为这个世界做点儿事情,不管你是学者、教师、工人、工程师、生意人,都是为对象设计、创造生活的。你只醉心于设计和创造生活,于是,所有人都来了,他们站在你的门外,赞美你的工作,报你以酬劳,但是能打动你的仍然是你的设计和创造。

做教育,正是如此。有那么多的孩子,他们每一个人都有着鲜活的灵魂,都曾经在我们的心田里走过,这本身就是一种幸运或者福气。

54
幸福的教师教出幸福的孩子

在教育过程中,真正起作用的是教师或家长的内心高度、文化底蕴、德行厚度以及审美境界。

幸福的教师,推动人追求幸福;而不幸福的教师教学生学习,就像一个乞丐教千万富翁如何挣钱。

幸福是一朵三瓣花。

第一瓣是"有人可以拥抱"。这不仅仅是指婚姻,也不仅仅是指知己,而是一种永恒,是一种生死相随的信念,包括对孩子成长的信念。

第二瓣是"有事情做"。人应当在某一种价值的指引下做正确的事情,而教育本身就是一件令人如痴如醉且正确的事情。

第三瓣是"有些想望"。任何时候,都要保持一些想望或者希冀,只有希望和未来才能让一个人精神焕发,即使是望梅止渴也比浑浑噩噩更显生机。

55
摁着"牛头"吃草，是教育的困境

朱熹在《四书章句集注·论语集注》中说："圣人辞不迫切。"意思是，圣人说话，不急于引导、改变对方，更没有私藏不可告人的目的，只是说出自己的观点，对方听也好，不听也好，都有耐心。

做教育，是去行道的，要戒除巧言令色。对方对道的东西，是否能接得住，不重要，舍之则藏，用之则行，始终保持"不迫切"的神色与语气，性缓语迟。

中国教育最大的困境其实就在于教育者摁着"牛头"吃草，一厢情愿地训练"牛嘴"要张开多少度如何吃草，岂不知"牛"吃草是它的本能。

如何彻底转变教育者的"被动教"为学生的"主动学"，是当前教育走出困境的唯一通途。

雕塑家创作作品，就是将隐藏在石头中的美或者隐含的精神，发现并加以提炼，然后将多余石头去掉，作品即形成。教育之实质也是如此。教育者最要紧的事情，就是发现、强调隐藏在学生内心的自我以及潜能，而不是"教"。一是要想把学习变成孩子内心真正的渴望，必须从人的内心深处下功夫。二是制造学习上的"饥饿感"。三是降低学习难度，让孩子不断尝到学习的甜头，有成就感。

56
求己是中国文化的重要特征

中国人一讲精神，就讲自立、自主、自强、自足、自律、自觉等。这就是因为我们的血液里流淌了一种文化基因——"求己"。这个基因是中华民族几千年屹立不倒的根本。

求己，就是凡事问心、问良知，一切答案在自己的心里找，就一定会有办法、有创意。

从向外看转为向内看，从关注向外索求转向触摸自己的内心生命。这代表着生活态度的彻底转变，是全新的生命体验。我们之所以回避向内看，是因为内心的怯懦和拒绝，不敢面对真实而美好的自己，甚至拒绝自己。

向外求的人，内心是冷漠的。比如，孩子一发生什么，首选方案是通过向外求的方法解决问题，调动社会关系，为孩子择校、报班，通过关系联系好的医院；而其实质是，把孩子对你的需要，不负责任地转嫁给他人，这一切的努力都是为了弥补自己在孩子内心的缺席而已。

57
智慧就是知己无知

什么是智慧？

一言以蔽之：知己无知。

自称"废画三千"的山水画大师李可染先生在他七十岁时特意找人刻了一方印章，内容是"七十始知己无知"。新金陵派大画家亚明先生七十八岁弥留之际，在病榻上写下，中国画未能画出点儿名堂，是最大的遗憾。异曲同工，这些大师呈现出来的智慧，都是一种虚空之心。"知己无知"，方可抵达事业与人生的高度与宽度。

人是极为渺小的。在宇宙的层面上看，人，连一粒尘土都不是。止于至善，一定要看到自己的"小"，你那点儿事，自己以为是天大的事，人一思考，上帝就发笑。

我们经常给一个人或者一件事情做评判，其实很多时候我们的结论和评判本身就是我们局限的投射。

每个人的世界都是一个圆，学习是半径，半径越大，拥有的世界就越宽广。人最大的愚蠢是"自以为是"，并凭着自己那点儿可怜的"知"与人争论不休，最后将自己置于人生的悬崖边。

58
平常心是教育的底线

有人访问张海迪：如果奇迹发生，你可以站起来，你想做什么？

张海迪想了想说：你知道吗，坐在轮椅上是很难炒菜的，因为所有厨具都是根据健康人身高设计的。所以在家里，我先生不让我做油炸类的食品，因为一起油锅，油就会直接溅到我的脸上。如果有一天我能站起来，我希望为我先生做他最爱吃的油炸食品；我还希望能够像其他普通妈妈那样，到学校去接我的孩子，然后拍拍他的肩膀说，咱们回家吧。

我们经常追问，幸福是什么？张海迪体悟到的幸福，就是为先生做爱吃的油炸食品，就是拍拍孩子的肩膀说"咱们回家吧"。

平常心是幸福的保障，更是教育回归本真的逻辑起点。

59
志于道，据于德，依于仁，游于艺

选择决定了内心的去向，专注决定了内心的归宿。在面对无常时，我们选择："志于道，据于德，依于仁，游于艺。"(《论语·述而》)

一、"志于道"。

做人做事也好，学习进步也好，首先是志有定向，知道自己要做什么人、往哪里走；其次是有志于大道，就是常常扪心自问自己的使命何在，能为社会做些什么，能给后人留下些什么。

二、"据于德"。

"据"，就是凭据、根据，照着德的标准行事。在德的问题上，凡要求别人时，一定要先想想自己能不能做到，把自己能做到的标准固定下来，然后以身作则影响别人。

三、"依于仁"。

爱人悯物，对他人有关爱之心，时时替他人着想，以一颗仁心面对天地万物，像太阳一样，无私心、无偏袒，爱满天下。

四、"游于艺"。

儒家认为，才能主要有六艺，礼、乐、射、御、书、数。今天可不拘泥于这六艺，关键在于"游"。这里的"游"不是熟练的意思，而是以此为乐、陶冶情操之意。

教育者的一生，应当是这样度过的——志于道，有使命感；对自己有道德要求，建立自己精神的根据地；有仁心，仁者无对，爱人悯物；有一艺之才，情操清雅，一辈子不寂寞。

60
人的可读性

一个人好像一本打开的书。形式上的美是装帧、封面设计的美。它可以吸引人的第一注意，但内容上的丰富、有趣决定了其是否具有"可读性"，这是保持该书持久吸引力的关键。

"可读性"并非高深莫测，而是要让人能够理解你，能够读懂；要有丰富的内涵，而且要有一定含蓄性，让人"阅读"你后深有收获，而不是一摊浅水，一望而知深浅。

61
从接纳自己开始

尊重他人是呈现自己的修养和德行，接纳他人是展示自己的胸怀和心量。

教育者首先要尊重和接纳的是自己，因为生命具有独一无二且无法复制的美，所以值得被尊重和接纳。很多对别人的拒绝和否定，是从对自己的不接纳开始的，无法认识和肯定自己生命价值的人，不会轻易接纳别人。

意大利演员索菲亚·罗兰，被世人称为最美的女人，可是她十六岁第一次拍电影时，却遇到了不少麻烦。

第一次试镜，她失败了，所有摄影师都说她不够美人的标准，都抱怨她的鼻子和臀部。导演建议她把臀部减去一点儿，把鼻子缩短一点儿。演员一般都得听导演的，但索菲亚·罗兰却没有听。她相信自己，对自己有信心，认为这就是她的特色。

她说，我的脸确实与众不同，但是我为什么要长得和别人一样呢？至于臀部，无可否认，我的臀部确实有点儿过于"发达"，但那是我的一部分，是我的特色。我愿意保持我的本来面目。导演被她说服了。后来索菲亚·罗兰红火起来，走上了成功之路。

松下幸之助则认为自己的缺陷有三，但每一个缺陷都让自己获得了力量：一、出身贫寒，因此具备了别人没有的坚韧性和意志力；二、小学未毕业，因此无法从书本上学习知识，只得听别人说、看别人行动，从而获得自己的感悟；三、身体不好，经常卧床养病，很多事情只能依靠和借助别人的力量，渐渐地便学会了管理。

自信者自强，自强者方能取信于人，实现大成。而建立自信的基本原则是：抱残守缺，接受自己。这样，才能让一个人肯定自己、超越自己、创造自己。

62
孩子看着父母背影长大

家庭教育的实质是人格教育。

而人格教育没有什么具体方法，唯有父母通过不断的自我觉醒，进而提升自己。因为，孩子是看着父母的背影长大的。

很多孩子的开窍，都是在对父母的感动和感恩中发生的。一旦父母的背影、白发、双手感动了孩子的内心，孩子就知道了应当如何奋斗。

63
"中"的精神

"中庸不可能也。"(《礼记·中庸》)笔者认为,中庸,是极致,是止于至善,所以孔子认为是其不可能达到的。那还有什么意义呢?意义重大。它的意义在于我们知道自己做不到,但有了这个想法、追求,就能养成时刻叮嘱自己的习惯。

"中庸"可以理解为"中道",就是"中"的精神。

守中道,在某种意义上就是守忠恕之道。"忠"即"尽己之心曰忠","恕"即"将心比心"。

守中道,意味着"君子素其位而行,不愿乎其外"(《礼记·中庸》)。按照自己的角色定位,充满敬意地把手头的事情做好、做到极致,唯精唯一。

守中道,在现实生活中就是"执两用中"(《礼记·中庸》)。凡事有最坏的一端,也有最好的一端,认清两端,心理上先接受最坏的一端,再向最好的一端努力。

64
执着于教，教育必然失败

控制是教育的一种病，比如控制学生的生命本能，控制学生的自主意识，控制学生的生命节奏等。

事实上，只有控制不了自己的人，才会设法控制别人。

人心有三个本质：主动性、灵活性、计划性。影响人的方法，不是去试图控制人，而是去保护人的主动性、灵活性、计划性，以避免其受到外力的干预。

我们唯一要做的是：彻底地、坚决地相信和依靠人成长的内在力量，教育的作用在于从外部引导、协助、激发，并依此生成新的课堂观、课程观。

如果只是迷恋于"控制学生"和"执着于教"，这时我们尝到的甜头，其实可能是教育的慢性毒药，让人执迷不悟。

65
要自省，不要自责

"自省"，是先接受自己，允许自己犯一定的错，不求所有人都对自己满意，适当降低大家的期望值，然后养成自省的习惯。自省的目的只有一个：如果下一次遇到同样的问题，我是否可以更智慧地处理？另外，自省的动作，一般在事情过了一个晚上、早上起来后发生，对着太阳吸收天地之正气，融汇到我们的身体里。此时自省的效果最佳。有一句话很好：太阳每天都是新的。

"自责"，是不能接受自己，一有错，就责备自己、埋怨自己，浑身不自在。时间长了，蓄养为一种自己化解不了的心理疾病。自责，并非"反求诸己"，而是"祥林嫂"式的悲哀。许多教师和家长，都在这里被困住了。

对于教育孩子来说，在自省和自责之间，有一条或明或暗的缝隙，把光打进去，引领孩子走到自省的道上，他们就会觉醒。

66
在错误和误解中壮大自己

如果你内心强大、真有实力，应有足额的自知之明，知道自己是谁，知道自己是干什么的，这样就不会在乎别人的看法。

犯了错，怎么办？

不要怕犯错，也不必紧张别人发现了你的错，那不过是证明你还是一个人，坦然接受自己的错误，就像日食、月食，大家都看着呢，然后大大方方改过来，之后，大家依然仰视你。

人类的智慧来自总结经验，来自在错误中反思。英国教育家阿弗烈·诺夫·怀特海说，畏惧错误就是毁灭进步。

被误解或者污蔑了，怎么办？

人一辈子，被冤枉几次是正常的，要有平常心。人的胸襟是被冤枉撑大的。面对错误，最重要的是，在反思中获得智慧，聚焦一个问题：下次再遇到这样的事情，是否可以处理得更有智慧？

67
傲慢，因为身后没东西

傲慢，是一种病，不太好治。做儿女的傲，就会不孝；做部下的傲，就会不忠；为父母的傲，就会不慈；做朋友的傲，就会不信。

傲慢与平庸是伴生的，傲慢者必平庸，平庸者才会长出来那些莫名其妙的傲气与慢气。

傲慢的人，其实恰恰背后没有什么东西，因为他把自己的"已知"放大了。成天拿着自己"已知"的那一点点东西当作资本，殊不知，人的"未知""未闻""未睹"也许占了99.99%。

真正有水平的人，从来都是以虚受人、以爱养天下万物。

消除傲慢之气，还要有一味常备常用、常用常新的药——"敬"。此药人人可常备，以应不时之需。"敬"这一个字，可以息妄、止怠、消慢、胜私、抑矜。人生这五大陷阱，均可因"敬"而跳出来。

68
逊志自得

"逊志而自得"(《论语·卫灵公》),是修身进步的精髓。"逊志",谦逊之意,成语"逊志时敏",出自《尚书·商书·说命下》,意为"谦逊其心,敏于好学"。"自得",是自己的收获,只关注切己体察,放在自己身上磨,我究竟得到了什么,而不是关注别人"讲得对不对","哪些地方我能挑刺儿"。

学习想进步很难对付的一个敌人是王阳明讲的"胜心":

一是,真正的学习,不问别人说得对不对、好不好,只问自己有没有收获,愿不愿意把学来的、不多的那点儿东西,放自己身上"炼"出来;

二是,即使别人真的错了,至少给我们提供了一个思考角度。我们自己认为的"正确",可能也是一种局限或无知。

真正的"逊志而自得"是,始终把自己放在一无所有、一无所知、一无是处的位置上,虚怀若谷,尽最大可能地吸收有营养的知识。

69
人生有一个舒服的位置，叫作谦卑

人需要找一个位置，可以让自己永远很舒服、很安全；而谦卑，就是这样一个位置。

谦卑，不是卑微，更不是自卑，而是发自内心的敬畏和尊重，恰恰是自身人格意义上真正的自信、自尊。

谦卑，意味着：知道自己的不足和局限；知道自己没有想象中重要；能够从别人身上看见自己的不足，身边人都是老师。因为谦卑而能读懂别人的优秀。当一个人自大、自满时，他活在自己的执着里，这其实是自我折磨。

70
教育者的三个核心素养

一、虚。

君子以虚受人,印度哲学家奥修说:"人是上帝唇边的长笛。"长笛之所以能发出优美的声音,是因为笛子是虚空的。在教育上,虚空,就是把"自我"放下,容得下别人,在教育孩子的时候,向孩子学习。

二、柔。

草木初生的物相,就是柔弱、柔软、柔和。"柔",意味着生机。

教育者拥有柔软的内心,教育的内容才能走向细微、精准,这时,就可以体现出教育的力道。在教育者柔和的声音、目光、面庞、身体背后,常常是一颗悲悯的心灵,以及无尽的教育智慧。然而,让自己内心保持柔软、开放、豁达,要牺牲自己的标准。如果时时处处想到对人的尊重,那么以牺牲自己标准为代价的尊重对孩子所产生的托举力量就大,此时,心就不会硬化、乏力。

三、弱。

何为示弱?孙子有言:"能而示之不能。"(《资治通鉴·魏纪》)我们本身是"弱"还是"强",是"能"还是"不能",不重要，关键在于"示"，这是一种超越自我的大勇气。我们经常说，大智若愚，大成若缺，大直若屈，大巧若拙。这个"若"是"装"的意思，学会装傻和示弱，是开启教育智慧的第一道门。

有人说，教育孩子，"最好少一只手"。就是想象自己只有一只手，那么孩子就会主动帮助你，在帮助你的过程中，他学会了自立、自主。

71

水载歌载舞，使鹅卵石臻于完美

泰戈尔说，不是槌的打击，乃是水的载歌载舞，使鹅卵石臻于完美。

我们必须经历诱惑和苦难的水载歌载舞的洗礼之后，才能成就心灵的宁静。

人应当选择有尊严、有希望、内心幸福的生活，所以，我们应当接受洗礼，而后求得内心的安乐与平静。顺应心性，倾听自己的声音，从而获得根本的宁静与平安。

教育如水，与人的生命共舞，让每一个生命都变得更加润泽、更加精美。

72
放下私心，对接"大宇宙"

我们平时所遇到的困难和问题、痛苦，都是太专注私心所致。当专注于如何实现自己的目的时，就出问题了。

我们知道，天地是"大宇宙"，天地万物按照宇宙规律生长运动；而人，是一个有自我意识、有私心的"小宇宙"，人如果能放下自己的私心私欲，就能连通"大宇宙"，获得能量，天人合一。

73
身教三原则

孔子在《论语·子路》中讲："居处恭，执事敬，与人忠。"这是身教三原则。

"居处恭"，"居"是居心的居，你是什么居心？是恭敬心，出门如见大宾，使民如承大祭在家无怨，在邦无怨，这是出发点。

"执事敬"，"执"为行，办任何事情，没有敬，办不好。所谓敬，就是充满敬意地做好手头上的每一件事情，做到极致。

"与人忠"，"忠"即不自欺，人若欺人，必先自欺，然后理直气壮地骗别人。如果有人说你是实在人，你就是"与人忠"了。

74
用实在培养实在

"实在人"，是对人很高的一个评价。只有教育者自身的实在，才能培养出实在的孩子。

什么是实在人？

一是，"古者言之不出，耻躬之不逮也"（《论语·里仁》）。不轻易承诺、说话，怕说出来了没做到。而我们常常说些自己都不当真的套话、空话，对方也不当真，那你离实在就会越来越远。

二是，"讷于言，敏于行"（《太史公自序》）。说话很容易，所以要迟钝一些，身体力行很难，所以要敏捷一点儿。因此，言能顾行，行能顾言，人就是实在人了。

三是，"真诚直抵人心"。人是有感应能力的，你是否真诚、实在，根本装不出来，对方一定能感应到。老师对于一名学生是否真的在乎是装不出来的，学生能感应到。

四是，"永远让自己的实力大于名气"。被人低估实力不是坏事，因为你前进的阻力小了；反之，如果名气大于实力，前进的阻力就会很大。

75
心量大，教育才能做好

所谓"心量"——大其心，容天下之物；虚其心，受天下之善；平其心，论天下之事；潜其心，观天下之理；定其心，应天下之变。

"大"，是心之格局，是由人内心里的长（远见）、宽（包容）、高（内心的高度）三个维度构成的巨大空间，可以接纳美好，也可以化解痛苦与污浊。

"虚"，生于敬畏、谦卑，使人能承载高明的东西，不虚不足以养心，不足以生发智慧。

"平"，是理性精神，是自由度，是一种对情绪的自主控制，是看平这个世界客观存在的差距。

"潜"，沉下去，沉到清流深处，从而清晰、坚定、宁静，进而把握规律，始终站在规律上说话、做事。

"定"，定力也，自重者定力十足，目标远大且有所担当者不易动摇，以不变应天下之万变。

76
梅花的暗香就是它的布道

教育，说到底，是教育者的自我修炼，修到最后，人的灵魂是有香味的，摸不到、看不见，但是能感受到，那种淡淡的但不艳俗的暗香，或有或无，让接近的人如沐春风。

王安石在《梅花》一诗中写道："墙角数枝梅，凌寒独自开。遥知不是雪，为有暗香来。"这正是君子优美人格的写照。

教育的智慧，是教育者化解了无数的孤独、寒冷、黑暗、痛苦之后，终得绽放开来，以暗香而唤醒更多人的灵魂，春风所及，满目生机。

后来，宋人林逋妙用"暗香"，拟诗《山园小梅》："疏影横斜水清浅，暗香浮动月黄昏。"进一步深化了这种超凡脱俗的意趣，言近旨远。

77
变易，简易，不易

《周易》博大精深的学问大而化之，就是三个"易"：变易，简易，不易。最基本的往往是最重要的。

一、变易。《周易》告诉我们，天下之万物，天下之事，以及每一个人，没有一样是不变的。每一秒都在变，而我们应当主动去适应这种变化，适应的方法是"学习"，是"不断自我更新"，是"自强不息"。

二、简易。天地万物，有太多的东西，是我们的知识、经验、智慧、科学所不及的，是不能完全被了解掌握的。"简易"，对于我们来说，就是三个学会：学会"概括"，概括能力是人的第一能力；学会"掌握因果关系"，因果关系是关键的一对关系，超越任何宗教和哲学；学会"究竟本末"，凡事都有本、有末，分清本末，则万事洞明。

三、不易。万事万物都在变，但有一种东西是永恒不变的，就是变出万象的那个东西。那个东西是什么呢？原始先人叫它"天"，宗教家叫它"上帝""神""真主""佛"，哲学家叫它"本体"，科学家叫它"功能"，而我们因为叫不好它的名字只好暂且叫它"道"。它就在山顶上，它在看着我们。

在教育过程中，起决定作用的是教育思维，变易、简易、不易，开启了我们对于自我以及真理的追问。

78
做个让人不讨厌的人

一个教育者，无论是父母还是教师，至少做个让人不讨厌的人。这至少要避免以下三种情况（源自《论语·阳货》）。

第一种是"称人之恶者"。习惯于说人的不好，这也不行，那也不好，特别是在背后喜欢说他人的坏话，是会让人心生厌恶的。

第二种是"居下流而讪上者"。人在下位，但总在背后对上级"讪言之"。在人家手下，要有忠敬之心，要是不愿意你可以走人，在一天，就应当忠敬一天。更加严重的是，当面装着害怕的样子，背后则轻慢、调侃，其实是为利益活着而已。这种人是很容易让人心生厌恶的。

第三种是"近之则不逊，远之则怨"。有一种人，一时被疏远了，就怨气腾腾，而稍微对其好一点，表扬几句，他就飘飘然。这种人实际上就是孔子所讲的"小人"。

79
遇见情绪

"喜",是内心的秩序与外在世界实现和谐之后的自得和恬愉。《黄帝内经》有云:"以恬愉为务,以自得为功。"一是"以恬愉为务",恬,心里踏实宁静;二是"以自得为功",即自我满足。如今的人,喜悦变得艰难了,因为我们看不见美好甚至拒绝美好。教育,没有了喜悦,很难开展。

"怒",是一个人内心世界和外在环境的冲突和对抗、排斥,是人心的最低处,也是最无力的地方。人在愤怒时,脚跟是离地的,别人轻轻一推就倒下了,根本无法自主。

"哀",哀大莫如心死。悲哀之人,不需要安慰,他们内心需要的是光、是希望。

"乐",是欲望得到满足后一时的情绪高涨。乐的动因来自一时的得逞,得逞是一时的,是不能持久也无法持久的,也容易使人迷惑、膨胀。

80
蕴藏教育中的幸福

感动,有感而发,有感而化,把孩子们带到一个感动的空间里,原来的问题就不见了,只剩下喜悦和幸福。

蕴藏教育中的幸福,来自师生、亲子之间感动和回应、理解和懂得。

81
高度,宽度,厚度

首先,高度:

第一,内心的高度。心在高处,遇事就能从具体的事里跳出来,看见事情背后的规律与走向;遇见自己的情绪,能从喜怒哀乐中走出来,以高于情绪的理解淡化心情,也能容得下眼前的困境,而活在更长远的希望里。

第二,德行的高度。"德高望重",德在高处,孩子对我们的仰望自然凝重、厚重，德在高处，容易喜悦；而德在低处，一定是沮丧的，也就无法给孩子的内心提供动力。

第三，思维的高度。学生学不好，是因为所处的维度太低，比如一个手电筒，同样强度的光，不同的高度，照的范围不一样，提得越高，光照的范围越广。

其次，宽度：

在教育认识方面拓展心灵的宽度时，我们很容易陷进误区，也很容易迷茫。在教育上"大于"往往比"等于"更让人清晰，比如"成长大于成功""关系大于教育""习惯大于成绩"，一旦找到"大于"的心灵宽度，整个世界就会开阔起来。人生也是如此。

我们思考问题时，习惯以成功为假设，做一件事，是为了把它干成，所有的思考都是围绕如何能成功，这是人之常情，但是，真正的智慧是，以失败为假设来思考问题，即假定这事会失败，一切的思考和作为都是为了避免失败，这样就能始终立于不败之地，然后等时机成熟了，一战而定。

人生不是求胜利，而是求不败，一辈子都不败。教育者的人生，应当是一辈子不败的人生，而不是成功的人生。

最后，厚度：

文化底蕴的深厚，决定了一个人能否站得稳、行得正。就像盖房子，我们内心有了很坚实的基础，才能盖房子；否则房子盖起来了，人也不敢住。

厚度，来自每天学而有得，来自每天把德行呈现给遇见的每一个人，日日不断之功，不断加厚。

教育者有了厚度，坐卧行走，都是教育。如果自身浅薄，承载不了知识、智慧，就无法面对生动活泼的人的生命。

82
亮度，深度，温度，纯度

人心如灯，心灯点燃了，一切都很清晰，在光照下，世界没有对抗没有冲突，一切都那么美好、动人。相反，如果我们身上是低落的、黯淡的，甚至是沮丧的，孩子自然就会感到迷茫、恐惧，随之沉沦。

浮在水面上永远只能喝苦水，清流在深处，往深处走，不易，需要承受压强、接纳幽暗和暗潮涌动。深度，就是不断挖掘自己，这时，心静下来了，对问题的理解和解析能力逐渐增强。

温度，是不讲道理的，这就像母鸡孵小鸡，温度到了，小鸡就破壳而出了。有的人有知识、有理论，但没有温度，如果他来做教育，就会举步维艰。教育者所讲的东西，如果没有用自己的身体焐热过，就入不了学生的心，因为学生的心也是有温度的，同温同心，两者之间内在的能量才能对接、融合、共振。

石墨与金刚石的成分一致，硬度却千差万别，是因为分子结构不同，内在的密度和纯度不同。生命也是如此。我们每个人身上都有金子，金子的价值不是看分量，而是看纯度。教育的过程就是不断提纯自己的过程，把自己身上的杂质不断清洗掉，甚至干脆拿到火上烤掉，这个过程是痛苦的，但痛苦是实现生命纯度的必经之路。

83
教育者身上的静气

静一直都在，只是我们的内心很难到达。静，可以让人沉潜，把一件事情做到极致；也可以让人驾驭好自己，始终处于自如境界。

静气，就像一片叶子落在平静的水面上，是一种对教育者的要求，呈现出来的是教育者内心的宁静和求真务实的精神。

"不知止而不能定"，心若定不住四处飘浮，何谈静气？静气，来自底蕴，是修来的——将每天点滴的喜悦积累起来，而喜悦来自我们的学而有得以及不断提升的内心高度。

我们行走在大地上，大地的沉静托举着我们。如果我们每一步都踏实了，就能感觉到，我们所立足的地方是多么沉静啊。我们每走一步，都是一次与沉静的对话，但如果我们走得太快，就无法感知那份静的巨大力量。一个人身上有静气，脚下皆是净土，物有静气，其气场自在。周围的人，心容易安下来、定下来，这种影响，非语言的、非行为的，直达心底。

静，其实就在我们脚下，往前走便是。

84
在红尘中锻炼出来的心灵纯度高

在红尘中锻炼心灵，不怕"事"，也不怕"念头"，随感而应，物来则照，物去不留，只在事上去磨。"若只好静，遇事便乱，终无长进"，那种一味求静的功夫，看似收敛，实则在放纵心体。

王阳明认为，心不是要死寂一般的静，而是要平静的定，念头不是要停息，而是要正。"正"是什么？没有私念是也。比如，着急自己怎么还静不下来，这就违背了"忽忘勿助""必有事焉而不预期其效"的原则。

身，可以在低处，在世俗中锻炼、磨砺，但心必须始终立于高处，离神圣近一些，再近一些。如此，让身与心拉开距离时，就会形成一个从容、宁静、自由、舒服的空间。陶渊明的《饮酒》诗云："问君何能尔？心远地自偏。"这里的"远"，内涵极为丰富，反复体会之，将受益匪浅。

85
怨气充斥的人生是错误的人生

我们一直在探索、重建人的内心秩序和生命状态，即宁静的自信，平静的接受，喜悦的参与，优雅的从容，深远的辽阔。

在谋求这种生命状态的过程中，我们遇到的第一个敌人就是怨气。而教育，一旦沾上了这怨字，则一切了无生气，甚至把教育淹死了。

怨气分为两种：一是别人对自己的怨气，二是自己对别人的怨气。

化解第一种怨气。"放于利而行，多怨。"一切按照有利于自己的原则行事，就会招致怨恨。而人能好义，则处事公平，人皆悦服。反之，利归了你，害就归了别人，那怨恨你的人就多了。

化解第二种怨气。人性的局限和困难，就是对别人抱有期待，总期待对方会怎么样，因为自认为"应该"是这样。如果对方没能符合自己的期待，怨气就开始积累。开始的时候，能控制住，时间长了，就失控了。其实，人都是孤独的，比如我们吃饭、喝水，别人就帮不了忙，尽管对方是你的丈夫、妻子，或者孩子和学生，说到底，这个世界，谁也不欠谁。把期待降到极致，那么，对方对你的任何一点点好，你都是感恩的。人活在感恩的世界里，一切都很美好。

86
烦恼是智慧扬起的鞭子

人人皆有烦恼。

烦恼是智慧扬起的鞭子，促使我们走向内心的高处。

痛苦是人获得智慧的必经之路，就像河蚌，涵养住痛苦，长出珍珠。

离痛得乐，这是人的本性，然而，痛苦为我们打开了对自我的追问和文化的诉求，经过痛苦，沉淀下来的就是智慧。

人之所以感觉到烦恼与痛苦，是因为人活着，人如果死了，那么连烦恼和痛苦都感觉不到了。而如今，你身体健康，精神抖擞，你生动地活着，而你的烦恼痛苦给了你反思的机会，因为反思，人内心沉淀的东西会变得越来越多，底蕴会越来越厚重，心灵庭院中的杂草自然就随之消失了，这是一件值得庆贺的事情。

87
教育，从放松身心开始

放松原本是人类的本能，婴儿就是处于放松状态。然而，人长大后往往因为外在环境的压力，渐渐失去了这种本能。紧张的根源是自我执念，当遇见外界压力时，出于自卫与之对抗，时间长了，即使解除了压力，依然也会惯性地保持压力状态，即谓"焦虑"。当孩子每天面对一个"紧张"的老师或家长，再好的教育也是没有用的。

因此，教育者应从放下执念、放松身心开始，由此，活化我们自身的生命力量，让每一天都充满新的契机和惊喜。

88
在细节上驾驭自己

我们驾驭不了别人,只能驾驭自己。

第一是控制情绪情感。

关尹子云:"情,波也。心,流也。性,水也。"(《阴符经集成》)"性"在这里是人的需要、本能、本性。关尹子把人的需要比作水,它有一种潜在的力量和势能。"心"是指人的心愿、意向,是水的流动性。而"情"是指情绪、情感,比作水在流动时,遇到起伏、迂回、曲折、阻碍,水的流动驱力与外界环境的变化发生冲突,就产生了波浪。

人的心意和外在环境发生相互作用时,就产生了或喜,或怒,或哀,或乐的情绪,控制情绪的实质是调整与外在环境之间的关系。

第二是充满敬意地做好手头上的事情。

充满敬意地喝一杯茶,吃一碗饭,读一本书,上一堂课,驾驭自己其实都在小事上、细节上。

驾驭自己,主要是指在细节上驾驭自己,比如我们写字,是在笔尖上驾驭自己,力气再大也是没有用的,而在于唯精唯一、全神贯注,将心神集中到一个很小的点上。

89
取之左右逢其原

王阳明经常引用《孟子·离娄下》中的一句话:"取之左右逢其原。""原",就是心,天下无心外之物,亦无心外之学。学习,贵在学到心里去,学到骨子里、血液里,当你的心和理一致了,则以自得为乐,精神凝定,外物无可动摇。

"取之左右逢其原",事感于外,理应其中,当你心里装着正确的问题,顺手拈来全是答案。

90
不失赤子之心

赤子之心,没有丝毫人欲之蔽,不夺于物诱,是心体之本然,亦即圣人所讲的"良知""良能",不学而知,不学而能,纯一无伪。

人长大后,学了知识,有了物欲引诱,赤子般的纯一之心渐渐不易存养了。

就教育而言，回归赤子之心，有三个敌人：一是"穿凿附会"，把讲不通的东西硬要讲通；二是"索隐行怪"，专门探索偏僻的、谁也不知道的事，以不走寻常路为炫耀资本，比如孔乙己研究的"茴"字的四种写法；三是"揠苗助长"，不遵循天道，贪巧求速，不愿意等待。一旦穿透了以上三个敌人，人心就会拂去尘埃，回归本心。

91
教育者的角色再造

师者，不一定要做春蚕，也不一定要做蜡烛，而应当做燃灯者。

燃灯者，首先，是只言片语便可叫人开悟的觉者；其次，所点燃之灯，必须放在高处，绽放光芒，而路人顺着往前走，自己知道到哪里去。此时，勇气从心底油然而生，再也不害怕。

燃灯者，所发出的光，应当是人性之光、道德之光、智慧之光。这种光，并非刻意地引领人，更不是强迫人接受什么，而是无声息地歌唱，是自性之光明，像太阳一样，自然地照进普罗大众的内心，了无分别，谁都照到。

人，只有在有光的时候才会觉醒。人本身没有光，但燃灯者自身的仁爱之心、慈悲之心、担当之心、敬畏之心，则是深埋于根部的传统文化之灯油。它源源不断地提供内心之能量，良知良能，自渡渡人。

师者身上的光，本质是一种传承，是把圣贤身上的光折射过来而已。人在背光时，或在黑暗中，最渴望光明，所以诗人顾城写道："黑夜给了我黑色的眼睛，我却用它寻找光明。"

92
皆可为"圣人"

道不远人。

圣贤们都有一个基本认识：仁，就在我们的心中，扪心自问去做就是了；道就在脚下，抬脚就是了。

孔子讲："吾无隐乎尔。"(《论语·述而》) 意思是，各位以为我有什么学问本事隐藏起来了，不教给你们吗？我没有什么对你们隐瞒的。

圣人之道，简易平常，都是最基本的原则，每天都讲，每天都做，只是人们觉察不到，总以为他们有什么秘笈，其实不然。

王阳明先生提出了"人人皆可为圣人"的心法，意义重大。他认为，可分为两方面。

一、"圣人"不分大小。

比如圣人是金子，尧舜禹是一千斤，我虽是五十克，但同样是纯金，也不是破铜烂铁。不必比谁级别高、钱多，要去比成色，不比斤两。我们要做的事情是，把我们身上的金子不断提纯、提炼出来，最后也就成了"圣人"。

二、"圣人"是模仿出来的。

我们今天遇到的事情，大概圣人也都遇到过。遇到一件事情、一个问题、一个麻烦、一个小人，如果圣人也有同样的际遇，其会怎么判断、怎么想、怎么做，很快就会有答案。模仿圣人，其实自己就成了"圣人"。

93
教育，提升内心的高度

心低处在山谷里时，我们的心始终与山谷里的猛兽、毒蛇、细菌、病毒纠缠、搏斗，所以我们痛苦不堪。

而心在高处时，识见高明，涵养深邃，无所不惧、无所不周。我们可能不是某个方面的专才，但因为内心健全、灵魂高贵，具有很好的处世应变能力，所以什么都能做好。

教育的一个根本任务，就是提升人的内心高度。而有智慧的教育者，也是在高处谋求内心的喜悦。

94
修，从"有我"到"无我"

我们讲的"修"，主要指的就是修一颗广大悉备的心，修一颗无我的心。从"有我"到"无我"，这是一个人内心成长的过程。

"无我"，即不忧、不惧、不惑，君子坦荡荡，该怎样就怎样。

但，人人都有私心，因此，我们需要学会怎样把私心藏在公心里，使两者不冲突。当内心有了秩序，从而清晰、坚定、有力；否则，内心是冲突的、较劲的，一个人就会显得乏力或纠结。

95
提高自己的分量

提高自己在别人心目中的分量,一般有两种途径。

一是沉淀德行。

德高了、厚了,别人自然望重,与年龄无关,与内心里有没有把"德"这个字养活了有关。教育的真实发生也是如此。当教育者自身的修为到了一定程度,孩子到了跟前,不需要说话,自然会受您影响。

二是心有敬畏。

把自己放到低处。内心里对崇高的东西持有敬畏之心,自然会把自己放到低处。越是把自己放到低处,在别人心目中的地位就越高。

96
目光短浅，是教育的痛点

"短"，是做事情只看眼前，或者只看眼前一两步、三四步，能看到五六步的人都很少，而教育至少要看三十年甚至从生命的终点处看现在，才知道我们现在焦虑的，可能大多是多余动作。

"浅"，是看问题只停留在表面，顶多看两三层，再深入就难了，当然就会不明就里。何况教育的问题，不仅要看到核心和本质，还要从核心和本质出发，从球体的那一头出去，叫"看透"，才能轻松地拿捏住分寸，无为而无不为。

教育，就是改变人的目光。

97
拥有细腻的情感、柔软的内心

能做好教育的人,一般都有细腻的情感与柔软的内心。

这,来自心理能量的日日不断的储备:

一是感恩心,理解他人的不易,体会他人的艰辛或痛苦;

二是敬畏心,没有敬畏心的人,总是大自己小别人,活在自己的执着里;

三是包容心,包容不同,包容自己的不足,包容他人的错误。

渐渐地,你就会明白,只要是人,都一样,都需要喜悦、尊重、祝福、赞美、帮助。如此,自己的心肠也就细腻了,柔软了,开阔了。走到哪里,都不会让别人不舒服,大家都能接受你。

98
追求真理，就是热爱生命

当我们不再追求真理了，我们的生命会一直被捆绑和限制于世俗层面，习惯肤浅的、快速的、简单重复的物质享受，为了眼前的得失是非耗费心神。这样，对于我们每个人均具有的珍贵而圆满的生命本身而言，是一种沦落。

追求真理，就是热爱生命，这是教育的希望所在。

99
教育者的自我发现

《淮南子·主术训》有云："有诸己不非诸人，无诸己不求诸人。"

"有诸己不非诸人"，自己身上有的毛病，你就不要去批评别人。这一点非常值得重视。我们往往对别人的错误非常清楚，对自己的错误却不太记得。别人的错误用来做什么？用来规正、反思自己：他这是提醒自己了，自己身上有没有这个问题，要不要改？

"无诸己不求诸人"，自己没有做到的，不要求别人做到。尤其领导者，立规矩，自己做出表率，才能施于天下。往往不是你管不了天下，而是你管不了或者不愿意管住自己。

教育的价值观

- 将教育置于高过生命的位置
- 用"德"字，打扫好内心
- 过得不好，是因为拒绝美好
- 教育，归根结底是自我教育
- 教育，为孩子储备将来
- 没有真爱，没有教育
- 真心是最能使上劲的姿势
- 审美，就是放下分别心看待万物
- 心情好是教育成功的首要标准

- 人生两事，爱和创造
- 创新的前提是墨守成规
- "大人"，把大东西看得很小
- 尽力是借口，尽心是穷理
- 教育常常被我们弄复杂
- 人往高处走，沿着阶梯走
- 教育是"熏"出来的
- 写字，是手指间的舞蹈
- 我们喝的不是茶，是教育

01
教育走向深处

小时候，大人常常会告诫我们，不要做"浮头鱼"。所谓"浮头鱼"，就是指浮在水面上、不愿沉下去的鱼，通常会先被捞鱼的人捞走。

水有很大的压强，深潜并不容易，而浮在水面上，空气新鲜，且常有"嗟来之食"。

人类的思想早已达到极深入的程度，犹如水深之处的清流。相较而言，我们平日面对的各种麻烦、痛苦，不过是河流表层的浊水罢了。浊水很苦，但只要向下深潜，就能找到清流。

当下的教育，确实做浅了，大家都在水面上喝苦水，人们不敢也不屑于往深处沉潜，无法触及河流深处的清流。

02
君子务本，本立而道生

孔子弟子有若说："君子务本，本立而道生。"(《论语·学而》)

意思是，君子做事情，要抓根本，抓住了根本，就有了道，有了路，掌握全局，系统得以建立，务本而求实是也。

在教育上，这个"本"就是价值。随着教育改革不断深入，会有很多困难与挑战，束缚前进之步伐。此际，需探求其根本，实现价值驱动，方可在改革中突破发展，进入新格局。

毫无疑问，立德树人，以德化人，是教育的根本任务，这是建构中国自己的教育学的逻辑起点；立德树人更是当前乃至未来中国教育的核心价值，它就像一台汽车的发动机。

03
将教育置于高过生命的位置

教育是神圣的,是因为它来自几千年的传承,来自远古文化的启迪和昭示,所以我们需要敬畏。

只有立足于对教育本身的敬畏,才能让每个孩子成为他自己。这是教育的出发点,也是教育的终极目的。

真正的教育行走在世俗中,只有内心有敬畏的人才能看得见它真实的样子。这就意味着,把教育置于一个高于生命的位置。换言之,我们的生命中,几乎没有哪一件事能够超越它的高度、价值,并把生命放在其中去体悟,活出一分光。不同的选择定位,不同的命运。

04
教育，在于照顾未来

　　教育的价值在于启发人的觉悟、唤醒人的灵魂，而这需要我们在更高的思维空间里破解文化之密码。尤其是当下，若仅停留在细枝末节的改革求新上，教育就很容易走向肤浅、庸俗，甚至堕落。

　　真正的教育者应当是一个瘦弱的圣者，风餐露宿地行走在贫瘠的土地上，寻找精神拯救的出路。真正的教育，绝不仅仅是讲道理、传授知识，更不仅仅是开发孩子的智力，而且是把自己精神的能量传递给孩子，维护孩子的心力，让他成为一个内心强大的人，一个能承担后果、能应对变故、能改善自身和环境的人。

　　教育者的光荣，绝不在世俗成功的层面上，而在于照顾未来，在于将下一代带入丰富而高级的精神生活之中。或许，暂时看不到美丽的花儿，也似乎看不到似锦前程，这与大自然的规律相同，大自然把花草植物的繁衍器官放置在最隐蔽、最安全的地方，就是为了保护它们的未来。

05
做温暖人心的教育

好的教育是，说有温度的话，上有温度的课，做有温度的教育。

教育的世界，并不缺乏认识、理念甚至智慧，缺的是生命本来应具有的温度。有了温度，就不再在具体事情上较劲了，而是谋求另一个维度。

做温暖人心的教育，就是不经意间把能量输送到人的心里，使得人心温暖。人心一旦温暖了，他所有感知器官的门都是打开的；而如果人心是冰凉的，他的所有感知器官的门都关上了，再好的教育也无济于事。

做温暖人心的教育，归纳起来就是一句话：

让别人活在自己的喜悦之中，面求温，言求缓，让别人在自己的温缓中回归自己的秩序和节奏。

06
做人的成功

我们知道，教育的核心任务是学会做人。做人，并非一个空壳概念，具体包括六个指标。

一、理解他人。"己所不欲，勿施于人。"（《论语·卫灵公》）要想被他人理解，就得先理解他人。

二、注重细节。做人，主要表现在细节上、日常中的礼与敬。

三、信守承诺。一次失信，就可以消解掉之前长时间积累的信誉。万一因客观导致失信，也须视诺为命，收回承诺，并给予补偿。

四、诚恳正直。背后不道人短，在人后依然保持尊重。路遥知马力，日久见人心。

五、合作精神。一个人是做不成事情的；而合作的要旨在于：想对方比想自己多那么一点点。

六、勇于道歉。发乎至诚的歉意足以化敌为友。

这六个指标就像人在银行里的六个账户，每天往账户里存一点点，十年如一日，做人的本钱就会越来越厚实，它的利息一辈子也用不完。

07
教育，加强了人发现自己

发现自己，是人类正在进行的指向自我、回归本真的一场伟大教育变革的逻辑起点，也是从向外看转为向内看的价值驱动。

人类的发展史，本质是人类不断发现自己的过程。可是，人是很难发现自己的，尤其是发现自己的使命、定位、担当，以及自己闪光的优势与长处。

柏拉图曾经讲过一个寓言：很久很久以前，人类都是"双体人"，有两个脑袋、四条胳膊、四条腿。由于人类的傲慢自大，众神之王宙斯把人劈成两半，于是人类不得不终其一生苦苦寻找另一半，但是被劈开的人太多了，找到"另一半"成了很难的事情。

教育是什么？就是协助人找到自己、发现自己，和另一半的自己合二为一。

首先，发现自己需要镜子；

其次，发现自己需要远见。

08
"德",进入中国文化的门

德是进入中国文化宏大空间的必经之路,是一道厚重的"门"。

我们的民族经过了千辛万苦,绵延了五千多年的历史、生命,直到现在,始终存在着,就是依靠德的精神力量。

对于有德行的人,所有的事情都是好事;对于没有德行的人,好事也会变成坏事。

《礼记·中庸》有言:"故君子尊德性而道问学,致广大而尽精微,极高明而道中庸,温故而知新,敦厚以崇礼。"这是我们每一个生命扎根、升华的过程。

09
用"德"字,打扫好内心

德,是能够把人的内心打扫好的,让人的内心清晰起来。活出德来,心路畅通,可以化解无数的问题。

德，这个字，需要用生命去凝练，通过认知的提升、自我的约束而获得。

站在海滩上，下面全是沙子，沙子是物质的东西，一抓就有，但是决定这个沙滩存在的是大海深处那一份宁静的东西，那是道德所在。

抬头看星空，我们看见的是闪烁的星星以及流动的云，殊不知决定这些看得见的东西的是不动的天空，那是道德所在。

看一个人的德行厚度，看他如何要求自己。

有德之人，能够把内心打扫好，让内心清晰起来，形成秩序和美感。

有德之人，具有自带的、足够大的能量，因为自身德行厚重，走到哪里都有人照顾他。

德厚者，内心柔软。柔软，有时比风暴更有力量。我们的声音柔软了，就更容易渗透到辽远的天空；我们的目光柔软了，就能轻灵地卷起心扉的窗纱；我们的面庞柔软了，就能流畅地传达温暖的诚意；我们的身体柔软了，就能准确地流露尊重的信念。

教育者的内心柔软了，教育的内容才能走向细微、走向精准，这时，就可以体现出教育的力道。

10
才者，德之资也；德者，才之帅也

"才者，德之资也；德者，才之帅也。"(《资治通鉴·周纪》)
钱穆先生讲：

> 唯有道德的建立，才能让人的才能得以施展。
> 没有德作为灵魂，才就不是真正的才，也就是说，才就是德，德就是才，到最后是一体的。

"德"能保证我们天赋里面的优势得到充分发挥。德行越厚，世俗的干扰越小，心无旁骛，人的才能渐渐地被释放出来，然后达到巅峰状态。

厚重的德行究竟能给我们带来什么？

一、德行生喜悦。有的人容易生气、郁闷，真正的原因是德行浅薄。德行厚重的人，容易喜悦。一个人德行越厚重，受外界影响就越小。

二、德行提升审美。一个德行厚重的人，他的内心会有一种稳定的秩序，清晰、积极，所以，他拥有非常强的发现美的能力。

三、德行决定器量。德就像一个容器，而人的才华、知识、财富就像水。如果你没有一个足够大的容器，即使天上掉下来足量的"水"，你也装不下，反而会招来祸患。

11
圣人心如明镜，常人心如昏镜

心如明镜，则一下能抓住事物之本质。

首先是守住常识。

时时刻刻守住常识，一旦偏离了常识，镜子就昏了。什么是常识？就是大家司空见惯、习以为常的东西。关于教育的知识，多是常识。

其次是守住初心。

先考虑清楚，做这件事到底是为什么，一旦偏离这个初心，镜子就昏了。因此，往前走时，需要随时回到出发点来思考。每一次回到初心，镜子就被擦拭一次。

最后是守住无"我"。

一定要去除这个"我"里面的意、必、固、我。方法是时时把自己放在"无"的虚空状态下，傲慢自弥，敬畏之心油然而生。

如此，时常擦镜子，明亮透彻，物来心照，随感而应，无物不照，一切事物的本质一目了然。

天天勤擦拭，勿使染尘埃。

12
"德"，关键时刻可以救命

德，这个字，平时用来养心，关键的时候可以救命——"明德不危"。

刘向在《说苑·敬慎》中讲道：

> 颜回将西游，问于孔子曰："何以为身？"孔子曰："恭敬忠信，可以为身。恭则免于众，敬则人爱之，忠则人与之，信则人恃之。人所爱，人所与，人所恃，必免于患矣。"

恭，"恭则免于众"。出门，对别人始终保持谦恭，大家都会回应你；而你嘚瑟、狂妄，就总有人看不惯你，说不定哪天就有暗箭射来。

敬,"敬则人爱之"。你对人尊敬,别人就喜欢你。一个人如果自己敬慎端庄,没有一点儿过失,那别人看见自然心生忌惮;反之,自己举止轻佻或者言辞放肆,不自重,别人就会认为你可侮,于是耻辱就加到你身上了,这叫自取其辱。

忠,"忠则人与之"。你一贯事人以忠、尽己之心,那么谁都愿意把事情托付给你。

信,"信则人恃之"。信,诚也,不自欺,不欺人。你承诺的都能办到,别人就会依赖你、信任你。

靠什么守德?

德,就藏在日常小事里,只在行、走、坐、卧之间。每次应事接物待人,都想想如果是圣人或者老师会怎样做,在每一件日常小事上去追求、模仿,时间长了,就积德成道了,得道然后再去行道、传道,这就是教育了。

13
人应为自己的相貌负责

德为道之容。这里的容，其中一层意思是，容是容貌的容，有德者，相貌可观、耐看。

孔子说："年四十而见恶焉，其终也已。"(《论语·阳货》)这句话的意思是，一个人如果到了四十岁，还让人厌恶，那么这辈子就算完了。

所谓"相貌"，相，是指一个人的精神面相，一个人活在自己的角色定位和内心秩序之中，有方向感、节奏感、秩序感，别人和他在一起，会觉得很舒服；貌，是指一个人的言行，德行厚重的人，面容是温润的，而心中充满怨气和功利的人，面容是冷漠甚至是狰狞的。

曾有一个关于富相和贵相的概括：端庄厚重是贵相，谦卑含容是贵相；事有归着是富相，心存济物是富相。

贵相，即"端庄厚重，谦卑含容"。首先是品德端方，形容庄敬，心性厚道，言行持重；其次是待人谦虚自抑，在人前喜怒哀乐不形于色。具有这样道德情操的人，受人尊敬，人因受人尊敬而贵。

富相，即"事有归着，心存济物"。首先做事情有归纳、有着落、有综核；其次心里装有别人，无私回馈社会，心有家国情怀，愿意吃亏。做事情有归纳、有着落，且又能成就他人、帮助他人，这样的人将来一定是"富人"。

14
德行，是从内心痛苦的点上长出来的

我们做一件事情心里不舒服、别扭，对不起人的时候，从那个点上着手，问问自己是不是有愧于别人，然后把无愧变成有愧的时候，德行就开始生长了。而德行是什么？德行是从内心痛苦的那个点上长出来的。

德行，在痛苦的时候，在被人误解的时候，在受到委屈、污蔑的时候，在逆境的时候，在别人伤害你的时候，不管发生了什么，能不能安顿好，这不是靠能力而是靠德行。

而德行是什么？

评价一个人的德行，有一个重要的标准：不迁怒，不贰过。

人非圣贤，岂能无怒无怨、无过无错？况且，圣贤其实也有怒有怨、有过有错，只是他们的认识不同，处置的方式也不同。

"不迁怒"，俗话说，"气不伤无辜"，有了怒，有了怨，就事论事，不迁移到别人，不回溯过去，只是扪心自问，学会克制，等五分钟后再说。

"不贰过"，就是同样的错误不犯第二次。看起来不难，实际上并不容易。这里隐含着对待错误的态度。犯错并不是什么羞耻的事情，只是说明你不是神，是人，有错改正了，就是君子；不改，那就有可能酿成大错。而有些人错了，不愿意承认，以为认错就"输"，其实不认错才会输。

15
德，因为敬畏而受感召

人的美德，如土壤。有了好的土壤，树才能长好。土壤的价值，一是涵养，什么都可以扔地上，很多东西来自土地又回到土地，涵养就是泥土有多深根就能扎多深；二是生发，落在土里的种子在合适的时候会生根、发芽、开花、结果。

涵养美德的土壤，是敬畏。

16
德行越厚重，越能反求诸己

恩，是舍，是吃亏；仇，是要，是占便宜。

德行厚重的人，对别人的好，充满感激，总是觉得自己给人的远远不够，德厚之人能无声地化解很多对他人的嫌弃和要求；德行浅薄的人，永远觉得别人欠自己，一副欠债脸，心硬，对他人的苛求导致其言行乖张，容不下任何人。

人的德行厚一分，获得喜悦的能力就强一分。

有的人爱生气，不容易高兴，这样的人不是脾气不好，而是没有养护好德行。

德行还有一个功能，就是你拿美好的东西面对世界、面对别人的时候，很多人走到你跟前，都会变得很美。

17
道德是自己的事情，不便和外人讲

当人"拿起"道德时，道德已经不再是道德了，而是杀人凶器。鲁迅就说过道德"吃人"的警世之言（《狂人日记》）。

道德应存于心，是自己的私事，不便和外人讲，更不能用来要求别人，是人内心的一种坚守。也可以说，拿道德说事是不道德的。

换一个说法，道德其实是能力，包括：一是同情并关心别人痛苦的能力，二是调节自己情绪和抑制欲求的能力，三是接受和理解与自己不同观点的能力，四是尊重别人的能力。这些能力会让人拥有厚重的德行、强大的内心、健全的人格。对孩子进行道德教育，更应着力于能力的获得，而不是口头上的要求、说服。

其实，对德的认知需要再深化一层。德，是用来约束自己的。德行越厚的人越要求自己，德行浅的人却要求别人。

教育的理想境界是，我们将德行修到高处，站在那里，无需说话，别人自然受到你的影响。

18
德，是修出来的

修就是果决地摆脱自己的舒适区，把自己的身心放到更高的痛苦区去磨砺、锻造。一个人从平凡到伟大，没有不可逾越的鸿沟，而在于他不断自拔和更新罢了。

修的前提是要有向道之心，也就是对大道、对真理充满渴望和期待。这时，好的东西落到心里，就能长出根。

先要"修正"。正，就是守一不偏；修正，是对正的认知和回归。

修正，在实践上，就是把邪的东西、不好的东西拦截在身体之外，每天拦截，以日日不断之功走向崇高，走向理想的自己。

再为"修行"。修行，修的是言行一致、知行合一。修心在高处，修行在低处，就是在具体的行动中不断强化和印证自己的德与慧，也就是"活出来"。

最后"修炼"。修炼，就是把自己浮躁的心架在火上烤，把虚荣、贪婪、侥幸烧掉，剩下的那点儿不多的东西，就是人的生命精华，是"舍利子"。

19
过得不好，是因为拒绝美好

如果你一直觉得过得不好，真正的原因是：你一直在拒绝美好。即使身居高位，即使家财万贯，你也会觉得自己过得不好，每天担忧、揪心，甚至痛苦不堪。

而拒绝美好，实质是拒绝自我。你把心门关上了，阳光照不进去，心田里杂草丛生、混乱不堪。别人给你美好的东西，你也接不住，你在犹豫、在否定、在艰涩地制造自己的局限与困境。

什么样的人能接得住美好呢？德行厚重的人，有善根，也有慧根，所以能不断积蓄内在能量。沉淀的东西多了、厚重了，美好的东西、神圣的东西来了，能承受之、悦纳之，人就会心意圆满。

20
无私为大私

老子在《道德经》里讲的"天长,地久",并非讲时间长久,是讲天地不是为了自己存在,而是一心为了滋养和托举万物,这反而成就了天长地久。

老子还在《道德经》里讲:"江海之所以能为百谷王者,以其善下之。"江海总是把自己放到低处,包容一切,包括污秽、垃圾、浊流,所以辽阔、深远。所谓"德高者善就下"。

无私的人有担当,愿意为更多人担当,其人生的动力就足。相反,一个人没有担当,心里只有自己,邪的东西就会找上门来,像癌细胞一样慢慢吞噬真诚、善良、积极,使其软弱无力,甚至被时代抛弃。

21
担当与责任

人们总是把责任和担当混同起来，久而久之，在引导孩子建立人格时，就容易虚化，自己底气也不足。

担当与责任不同。担当是主动的、幸福的，是没有声音的，就像承重墙；而责任是被动的。

笔者更主张，在教育的过程中，多谈担当，少谈责任。

22
利己主义，迟早毁掉人

"利己主义"，一旦成为一个民族理所当然、见怪不怪的价值追求，那么，这个民族的前途是充满凶险的。具体到个人，"利己主义"迟早会毁掉一个人。

孔子在《论语·里仁》中讲："放于利而行，多怨。"如果利己心太重，什么都照着有利于自己的方式干，那怨恨你的人就多了；怨恨多了，又岂能保全自己的身家性命？

推而及之，教育上的"立德树人"，立起正确的价值观，尤其是"担当""利他""成就他人"等，才能引领人们走出人性的泥淖，成为真正的人。

23
教育，归根结底是自我教育

教育，不是让人听你话，而是受你影响，其本质是教育者通过自我学习，实现内心成长之后溢出来的那点儿东西。

可以说，教育者分为两种人，"一路向东"和"一路向西"，不同的选择，不同的命运。

向东的人，是"教己"。《礼记·中庸》云："修道之谓教。"也就是说，真正的教育是教育者的自我教育，形成一种良好的生命状态，然后随意释放出来的就是好的教育，用自己的生命去影响生命。

向西的人，是"教人"，认为教育就是要求、训练、管教、控制。精道者，亦可炉火纯青、得心应手，很多时候效率比向东的人高得多，且人尝到甜头后，就会一味向西，再也不回头。

24
没有远虑，必有近忧

"远虑"，就是长远的考虑，那么，究竟要多长远呢？这是一个由远及近的考量过程，这种改变焦距的思维，实质上是一种战略性思维，有远见才会有卓识。

"近忧"，没有远虑的人，就永远生活在近忧里。一辈子只会做灭火的工作，实际上是低水平的"消防队队长"。没有准备，事情发生了，落了后手，才开始琢磨怎么办，这就是我们常说的"困"了。人一旦被"困"住，祸患自然躲不过，只能坐以待毙。

把所有的问题都想在前头，事情来了，因为之前考虑过了，对接上就是。有预案则祸少生，即使发生了，也来得及化解掉。这是一种能力，可以通过练习获得。

25
远见,就是站在三十年后看现在

我们每一个人都迫不及待地朝着一个地方走,这个地方就是墓碑。墓碑上可能会写几个字,介绍这里躺着一个什么人。这几个字,因为我们离得越来越近、越来越清晰,但还不能完全看清楚。你希望后人在你的墓碑上写什么呢?教育家?政治家?企业家?抑或,好父亲?好母亲?好妻子?好丈夫?都不一定呢,人的所谓远见、所谓的自我发现,由此而来,即站在将来三十年、五十年,站在墓碑的地方,看现在,此为"止"也。

《孟子·尽心下》曰:"夭寿不二,修身以俟之。"不论是否长寿,都只管修养自己,等待天命。死亡是人最大的恐惧,看破它,一刻不停地学习、进德,一直到最后一刻,无怨无悔。王阳明自己做到了,他不算长寿,活了五十七岁。临终前弟子问他有何遗言,他说:"吾心光明,亦复何言!"

生命的意义在何处?站在历史中寻找自己的定位,只问耕耘,不问收获。

什么时候有结果?死了之后!一个人的生命价值就看你死了之后,究竟能给这个世界留下什么。

26
教育，为孩子储备将来

马过不了沙漠，只有骆驼才能走得更远，而教育就是"顺应规律，替天行道"，有计划地"喂养"学生，帮助他们在"驼峰"里储备将来要用的营养。

这个过程，我们叫作课程教学，要求有目标、有对象、有计划、有形式、有内容、有评价。

27
没有真爱，没有教育

人们往往知道爱的意思，但未必知道怎样去爱。爱，不是给予，而是引路。这句话，特别适合描述教育者的角色价值，所谓引路，就像山泉将至，定向开渠，引之、诱之、逗之、启之，一同走向江河；又像在草地，吸引、带领羊儿去吃草，一同走向远方。

一、爱，是有顺序的，顺序不能乱。

爱有顺序，即亲亲、仁人、悯物。其中，亲亲为大，首先是爱自己的亲人。自己的亲人，跟别人不一样，所以一定是首位的，然后由近及远，爱朋友，爱同事，爱家乡人，爱天下人。能爱天下人了，然后再爱护动物，爱护一草一木。这就是爱有等差，远近亲疏，了了分明。

二、爱，有真爱，也有假爱。

真爱养人一生，假爱害人一生。真爱的特征是：对方感应不到爱，就不是真爱；真爱，意味着，心往一处想，把对方看得很重，会不自觉地收敛随意、任性，也会不自觉地因照顾对方而感到喜悦与满足。

三、爱的实践，就是把我们的慈悲心升起来。

我们去看医生，真正的神医，他的药引子就是慈悲心。感同身受，心痛病人的痛，医者的慈悲心和内在的善意就像一双温暖的大手，轻轻地把病人的心捧在手里，智慧便随之慢慢开启。

28
热情是教育的真因

热情，表明一个人的生命是活的、有力的、向上的，它具有强大的推动力与托举力。

人只有在极具热情的状态下，才能把一件事情做到底、做到一百分。比如，学生对知识的热情。

当一个人有了德行的支撑、人格的高度、心底的仁慈、使命的担当，就容易心生热情、希望、动力，从而不断产生生命活力，对世界充满好奇。

一个人有了热情，身上就会有光，他的优点，别人一下子能接收到；反之，黯淡的人，人们只会看到其缺点与不足。

热情是真、善、美的果，是生命的盛开。教育者，需要不断给自己提神，把提炼出来的那一点儿热情用于为孩子的内心照明。

我们讲的"礼"，本质上还是一种热情。这种热情让人感受到我们存在的价值，也是提升自己生活品质的阶梯。对不同的人施以不同的礼，这本身就是对平淡的决绝。

教育本身就是一种创作。创作，意味着对现实的融化以及对未来的迎接，创作的水平取决于我们内在的热情，热爱生活，才能不断开拓和重塑自己的格局和处境。

29
教育，要尊重孩子的自然生长

孩子的生长可分为四个阶段：

"比"——幼儿阶段，人通过比较来认识自己、认识他人和这个世界；

"从"——小学阶段，通过模仿、听从、照着做的方式，学习掌握知识、技能；

"悖"——小学高年级或初中，两个"人"字是相悖的，意指通过叛逆、冲突、犯错、反思来建立自我概念；

"化"——高中及成年，两个"人"之间，开始建立一种潜移默化的影响关系，通过内化于心来实现自我教育，此为"化育"，即启发人的悟性。悟性是学习的最高境界。

打三个比方：一是农民种萝卜，不能种着种着，又拔出来看，得让它长；二是农民养猪，不能养着养着，又拿去称，得让它长；三是用电饭锅煮饭，不能煮着煮着，揭开盖看，那样煮出来的定是夹生饭。

比方未必贴切，但人的生长大致是如此，教育需先尊重自然生长。

30
心是一身之主

各种器官，都带"月"字旁，唯有"心"没有"月"字旁。我们听说过各种器官得癌症，但很少听说心会得癌症。

心为一身之主，心管官。官，即各种感官——眼、耳、鼻、舌、身。心管官，官管物，此为"心术"。可是，在生活中，常常是官让物管住了，心让官管住了，这就叫"心术不正"。心的本义："身之主也。"朱熹讲的"静我神"，就是说，心是元神所在，是"家"。我们要让心回家，定下来，静下来。

中国主流文化中，从孟子，到陆九渊，再到王阳明，一脉相承，最终形成了堪称伟大的"心学"。这是中国历史上到达过的一个思想高峰。王阳明的代表作《传习录》，是关于"心学"的集大成者，对后世影响很大。

那么，心在哪里？你用在哪里，它就在哪里。比如，写字，心就在笔尖上。

31
万病皆由心生

"万病皆由心生",所有的病,其病根,都在心里,因为心有病了,然后引发了各种病。治病的逻辑起点是治心病,然后调动人自身体内的力量,扶正祛邪,即可治愈。

"疾病",这两个字很有意思。"疾",病字头里面是一个"矢"字,是"外面射来的冷箭",比如感冒,这个比较好办,外面来的病毒、病菌在你的身体里过一遍,过去了就好了。"病",病字头里面是一个"丙",是"心火",是由内而外的不好的情绪、烦恼、怒火,病,不好治,得从根上解决问题。

一般来说,心定不下来,容易生病。按《黄帝内经》的说法,把心定下来,人才能保持健康的状态,而定心,需要以能量来保障。这里的能量,是指充足的气血,气血足了,人的呼吸就变得均匀,然后气往下沉,沉到丹田,存在那里;反之,气总是浮在胸口,就定不了心。我们讲的"六神无主"就是一股浊气或寒气主宰了我们的心,使整个人都乱了,这个时候,就很容易生病。

32
沟通的本质

人和人之间，需要通过心灵与心灵之间的感应建立深切的关系。感应，感而遂通天下。

感应到的真爱一定让人心动，开心是心动的表现，心开了，阳光照进去，心里也就亮了。心亮的孩子什么都明白，不需要别人给他讲道理。

道理并非用来快速改变人的现实的，它不是魔法，能够让人改变现实的是脚踏实地的劳作。道理只是天上的云，而人们需要的是落下来的雨。

打个比方，你说黄连是苦的。讲了半天，别人还是不懂得什么是"苦"。只有对方吃过黄连，才会真正理解你说的"苦"，不然你讲的道理是没有用的。

只停留在道理上的人，看不见光。

33
真心是最能使上劲的姿势

做教育，让人舒服且能使上劲的姿势是什么？

宇宙里都是真的东西，只有真的东西才能长久存在，我们只有用真心才能与之呼应、感同、同在，所以，真心，就是那个姿势。

那么，真心是什么？对人好是不是真心？

不是，对人好只是真情，和真心是两码事。真心是一种本性和自然，不垢不净，不增不减。但有一点，真情是真心的外延，真情离真心最近，没有真情，当然就更找不到真心了。

做教育，凭的就是真心，真诚直抵人心。你真心了，心的位置就对了，心的位置对了，悲天悯人，不知不觉，你已经站在正确的位置上、规律上、时节上，"向来枉费力气，今日却自在而行"。

34
能力三要素

所谓"能力",就是人主动运用条件实现效果的可能性。

能力三要素:努力追求,充分发挥,灵活调节。

没有"努力追求",就没有能力。所谓努力追求,主要是指强烈追求的热情、付诸行动的勇气和刻苦勤奋的习惯。

没有"充分发挥",就没有能力。这就意味着对条件有一种主人翁态度,并从一切条件中都能看到对自己有利的一面、可用的一面;在需要用的时候敢于把它拿出来用,敢于把各种条件加以调动、组合、改造。

没有"灵活调节",就没有能力。灵活调节,就是人为了实现效果而对各种力量的调节和变通,实事求是,变化角度,迂回前进,殊途同归。

35
教育，应尊重生命发展规律

尊重生命发展的规律，是尊重的实质，其包含四种规律。

一、主动性规律。主动性是人的生命的本质属性，是一出生就具有的，每个生命都是由几亿个乃至十几亿个精子中第一主动的那个精子与卵子结合而成的。人的主动性，表明了人生命自由发展的程度。可以说，人类进步的历史本身就是主动性不断增强的历史。在影响教育价值的诸多因素中，主动性是居于核心地位的。我们经常讲，教育就是不惜大代价激发人的主动性。

二、成功性规律。人人都向往成长、成功。人是在反复小成功中走向大成功的，这是生命发展的基本规律。

三、阶段性规律。生命的发展具有阶段性。这也决定了每一个生命都有自己的节奏。所谓的尊重，某一种意义上就是，不用自己的急去打乱别人的节奏。

四、觉悟性规律。实践表明，人的成长和发展具有觉悟性。一个人通过一段时间的努力，使自己的思想和行为水平迈上一个新的台阶，达到一个新的稳定的水平，这是人人都能够做得到的。教育，就是在人的内心深处下功夫，提高人的悟性，充分呈现每个人的价值，塑造全面发展的新人。

36
让美的精神照耀人生

教育者的人生，首先应当是审美的人生。美是一种和谐。你感受到的美越多，心里就越快乐。但是，对于美，我们的眼睛往往是看不见的，用心才能看见。

美，具有普遍性的力量，能跨越差异、利害。如果没有美的介入，人很难在差异和利害、入世和出世之间立足。美，首先是破人我之见、去利害得失之计较，然后是陶冶性情、培养情操。

美，表现在人身上是一种和谐：一是锐气藏于胸，藏锋，才能气血精足而生智慧；二是和气浮于面，接纳、尊重遇见的每一个人，他们将为你打开广阔空间；三是才气行于事，把自己的才华充分发挥于所做的每一件事情上，不问因果；四是义气施于人，敢于担当，大度仗义，万事先为别人想，自有荣华在己身。

37
审美，就是放下分别心看待万物

感知不到美的人，遇到问题或者困难，无法调整以更高的维度或更好的角度去看，就会陷进僵化与执拗之中。

换言之，美可以把我们从利害关系里解脱出来，此时，不计较了。

在学习的问题上，美的作用是激发我们对事物或者知识的情感。那些在课堂上美美地听讲、暗暗地吸收的学生，内心一定充满了美感，美本身会带人走向深入；反之，带着情绪、忧虑上课的同学，得不到美的关照，也就学不好。

所谓审美，就是对一只小动物、一棵小草、一块石头、一把泥土，都能够有教养地、高雅地看待，从而发现其中的秩序，而不只是对现实的、有用的东西才会另眼相看。当你放下了偏见、势利以及分别之心看待万事万物时，你就拥有了美的鉴赏力。

38
教育，美化人心、美化生活

美，这个字，看上去就很美，每一笔画，都是开放的、对称的、无限的，无与伦比。

张世英先生讲，人生有四层境界——欲求境界，求知境界，道德境界，审美境界。审美境界为最高境界。

在教育的过程中，"美"这个因素时常被提及，原因是，教育的目的是提升人的生命质量，实现人的生命价值，而美，是参与并促进人的生命发展的关键因素。

换言之，教育，就是对生活的美化、对人心的美化，是时间和生命的美学。让教育走进美，让美参与生命的成长，这是一个永恒的话题。

教育的过程，就是对美的加工的过程。这就要求我们教育者拥有一颗灵动自由的、缓慢喜悦的心灵。

39
美，和培养创新人才连在一起

美感，就是人隐约感觉到了某一种发展可能。培养创新拔尖人才，与美感的培养有着直接关系。

首先，创新人才的特点是拥有创造冲动、丰富的想象力和敏捷的直觉。关键是创造冲动，而人的创造冲动正是来自对美的感受和追求。

其次，世界上的许多事物都是有规律、有秩序的，同时又具备简洁、对称、和谐等形式美的特征。笔者认为，科学家往往都是因为追求形式美走向真理、走向创造的。

再次，创新人才，要去大胆开创新局面，这就需要拥有宽阔、平和的胸襟，需要内心的高度。目光短浅、心胸狭隘、内心居于低处的人只会抄袭或者模仿，很难开创什么。

最后，守旧是创新的前提。人类是在不断循环中演化，循环是守旧，演化是创新。真正意义上的创新，无不是基于对自身民族文化的坚守、继承、扎根而发生的。

40
追求圆满是人类审美的起端

自古以来，美就是人们的向往与梦想，甚至贯穿了人类发展的全部过程。

而人类对美的发现应当是一种偶然，或许是有一天，我们的一位先人，在河道里捡到了一个贝壳，而贝壳里有一粒圆形的珍珠，从此，追求圆满、美好的物质进入了人的意识。后来，人又从大自然中见到了类似珍珠的圆的玉石，经过揉搓，感觉到了它的圆润，忽然觉得"美"，然后就穿了一个孔，挂在自己的胸口，于是，人类就开始了审美。

而"圆"，在创造层面上并不容易实现，因为需要极度发达的手指来操作，利用工具"打磨"，"打磨"成为人类创造美的全部实践。

41
孤独时，才看出人的品位

人的孤独，是生命中一种重要的体验，人在孤独的时候，才能与自己的灵魂相遇，比如世界三大宗教的创立，都是在孤独状态下形成的。也就是说，孤独是精神创造的必要条件。

从心理学的观点看来，人的独处，是为了进行内在的整合。

爱与孤独是人生中最美丽的曲子，两者缺一不可。无爱的心灵不会孤独，由于怀着爱的希望，孤独才是可以忍受的，甚至甜蜜的；未曾体味过孤独的人也不可能懂得爱。当领悟到了内在的快乐无处诉说、无人分享时，爱就出现了。

人，本质上都是孤独的，只有自己活好了，才有能力爱别人。

所谓活好了，就像山花一样，不管别人看还是不看，都肆意绽放，唯有暗香自在。

孤独是一个人品位的求证。教育者的内心世界，要留出一个地方安置孤独。

42
心情好是教育成功的首要标准

教育成功有一个重要标准是"心情好",注重学生心情的教育才是真教育。

每一个孩子都是"要好""想好"的,但由于我们教育者一厢情愿地"控制",那种与生俱来的"想"和"要"就被掐灭了,许许多多的孩子因此厌学甚至厌世,或者对学习失去了信心,或者学习成绩不理想,其结果都是被逼进了"失败的自我"之黑洞中。到此,我们的教育就可以宣告失败了。

对于教育而言,其实什么都可以做,做错了可以改,但,有一件事情是万万不可做的,那就是贬低孩子。孩子的心灵是柔弱的,如果一开始的成长是一面布满了漏洞的墙,那么孩子也许需要用一生的力量修复那些伤害。

生活也是如此,做一个有礼有敬的人,一是当面不触人的痛处,二是背后不说人的坏话,三是任何时候不贬低别人。

43
感恩，是体会到别人的不容易

感恩是人性中的一片美丽的绿茵，因为这片绿茵，才使人世间免于成为荒漠。

焕发学生人性中的光辉与温暖，方法就是培植感恩之心。

如果一个人心怀感恩，所见的一切都是感人的、美好的。

孩子知道感恩，把"恩"字在心里养出来，那个"恩"字就把人收住了。感恩心重的人，获得的支持就更多。

感恩的恩，是体会到别人的不容易，是舍自己给别人，是付诸行动，而不是停留在口头。

44
朋友之间，不是需要对方，而是欣赏对方

教育者只有处理好与他人的关系，剩下的空间，就是心无挂碍的教育空间，而与朋友之间的关系尤为关键。

第一个层次，"君子之交淡如水"。朋友之间，不是需要对方，而是欣赏对方。只是需要对方，未必是友情，有可能还是一种交易。

第二个层次，"降低期待"。从本质上看，每个人都是孤独的，比如喝水吃饭走路，别人可能就帮不上忙，接受了这种认知，才可能理解什么是"降低期待"。

第三个层次，"良师益友"。珍贵的朋友，是可以帮助我们内在成长的人，他应当是引路人，帮助我们打破认知的局限、拓展思维的深度和广度，从而让我们走向内心的更高处。

45
有大出息的孩子

人有没有慧根，在小的时候是可以判断出来的。

慧根并非智力，而是内心深处对至善至美的上供与自觉。

举一个例子，一个五六岁的孩子，看到街边一个流浪汉在垃圾桶里找吃的，终于找到了半个很脏的馒头便吃了，他饿啊！孩子看到这里，眼泪禁不住流了出来，赶紧回家找了好吃的或找妈妈要十元钱，送给了流浪汉。

再举一个例子，一个小学生，看见一个大爷推车上坡很吃力，于是悄悄跟在后头，帮忙推上去，然后默默地走开，心里美美的。

这样的孩子都有很好的慧根或根器。按孟子的说法，四端自显，也就是说还小就显露出了悲悯之苗头，长大后必成大器。

46
人生两事，爱和创造

每个人来到这个世界，都自带天命。

而认识到并完成这个冥冥之中的天命，需要我们不断学习、探索、体验、证见。这个过程是神奇的，也是让人孜孜不倦的。

有人说，人生就两件事：一是爱，二是创造。爱是自由的、清凉的、敞开的、接纳的，让彼此感到喜悦并受益；而执着是限制的、自私的、让人听你话的，会灼疼自己和他人。

老师与父母给予孩子的，要么是爱，要么是执着。这是人逐渐完成天命的两个逻辑主线，可以说，教育正是在这两条线上行走。

47
教育焦虑的深层次原因

教育焦虑的深层次的原因是：争。

争，其实是人性的弱点，也是一种幻觉，一个人不看自己，只看别人，就会以为别人跟你争。

争，在教育上，表现为攀比，不自觉地把自己的孩子和别人家的孩子比，什么都拿去比，比一次，挖一个坑；坑多了，路就不平了，走起路来，就会跌跌撞撞，难免慌乱或焦虑。

人的发展、学校的发展，理想的境界是老子所说的"夫唯不争，故天下莫能与之争"。

这种境界正如大象给我们的启发。大象并不像狮子那样，必须别人死自己才能活，而是每天吃普通的青草树叶，但形成了号称兽王的狮子也不敢侵犯的三种内生力量：一、善良，从不主动攻击人，从不惹事，但也不怕事；二、吃的是普普通通的草，生存成本低，不靠垄断性资源；三、皮糙肉厚，体型庞大，具有严密的自我防卫机制。

把竞争引入学习中来，是一个极大的误解。在学习中讲竞争，会使学生养成扭曲心理。学生的学习，首先是个体把自己的优势和长处充分发挥出来；其次是建立合作学习机制，同学之间可以互相讨论、互相帮助、共同提高。

48
教育评价的另一种可能

郭思乐教授有一个著名的论断"毛估估的智慧"。他说：农民买小猪的时候，不是论斤称的，而是用目测的，这种方法，湖南人叫"毛估估"。"毛估估"的智慧，核心在于它始终坚持整体地、动态地、实在地看生命体。它不相信某一个局部的数字，比如斤数、长度等。

生命固然是可以用一些数字刻画其某些形态的，然而生命又总是逸出在我们的刻画之外。对人生命的评价，不妨采用"毛估估"的方法。生命就是我们的刻画永不能达到的那个地方出现的东西，如感情、感受、感应、感动等，并非科学和数据可以说明的。这给我们的教育评价提供了另外一种可能。

49
优秀的人才,都是严格教育出来的

实践证明,优秀的人才都是严格教育出来的。严格,关键在于"格"。"格"就是事前的契约,是明确的期待与要求,一旦违约或破格,须接受惩罚,这是教育的常识。

与严格相近的词语是严厉。严厉,通常表现为一种情绪,色厉内荏。对于孩子来说,是恐惧,是吓唬,严厉的结果是,孩子不敢面对错误,不敢承担责任。

50
创新的前提是墨守成规

孔子曰:"不践迹,亦不入于室。"(《论语·先进》)也就是,要想登堂入室,需先踩着前人、贤者的足迹老老实实地走,才能"到家",然后再谈创新。

但人性的弱点是,总想追新逐异,不愿意照老路走,不愿意跟着别人学,总想搞出自己的一套。

为什么一定要"践迹"?因为行动带来认识。所谓"知行一体",不打折扣去行,行的过程中体会,渐渐便知了。我们的问题是不愿意践迹,看不起践迹。

51
扶不起的烂泥

所谓废材,就是扶不起的烂泥。天下之废材,莫过于孔子在《论语·泰伯》中讲到的三种。

一、"狂而不直"。"狂"是狂妄。狂妄之人,自视虽高,故而一般直率、大方,有其可爱之处。但如果只是好高夸大,一涉及自己的小利益,又想占尽便宜,奸狡不直,这人就无可救药了。

二、"侗而不愿"。"侗",无知。"愿",憨厚。就是憨而不厚。无知不可怕,因无知谨小慎微,甚至唯唯诺诺,不敢乱动乱说;但无知无畏,什么话都敢说,什么事情都敢做,这人就无可救药了。

三、"悾悾而不信"。"悾",是诚恳、谨慎、胆小的样子。

表面上诚恳谨慎，却不守信用。胆小之人，一般老老实实；但既胆小又不诚实笃实，这人就不可救药了。

52

君子坦荡荡，小人长戚戚

子曰："君子坦荡荡，小人长戚戚。"(《论语·述而》)

君子之所以能"坦荡自在"，并一以贯之，原因有如下五点。

一、循理而行。君子总是站在规律上说话，做的都是理所当然之事。

二、安分守己。君子总是按照定位来要求自己、修正自己，实至名归，父亲像父亲，母亲像母亲，子女像子女，校长像校长，教师像教师，能守得住。

三、务求当下。当下即一切，把当下的事情做好，不纠结于过去，不活在对未来的恐惧之中。

四、反求诸己。行有不得，反求诸己，凡事问良知，问心，出现问题一律在自己身上找原因。

五、忘我无我。"我"是最大的一个执念，"我"里不仅有私欲，还有意、必、固、我，都会挡别人的道。当把"我"

缩小、再缩小，比灰尘还小，镶在别人眼睛里人家也不会觉得不舒服。

53
成功都是基本面的成功

贾诩讲："用兵之道，先胜后战。"(《资治通鉴·魏纪》)

胜与战，是两个阶段，先是胜，后是战。

什么是胜？就是基础工作、基本面。有智慧的人，都是做最基础的工作，始终关注基本面，因为"先胜后战"，有了充分的准备，基本面扎实牢靠，时机到了，一战以定天下。如果没有胜就去战，就不会有胜算。

教育的成功，都是基本面的成功。比如一所学校，基本面就是：上好每一堂课，关切每一位教师的内心成长，让每一个学生都想发展、能发展，弄通弄透每一份考试试卷，培养好每一个习惯……看起来很平常，都是"无智名，无用功"，实则"不疾而速"。

54
不要把别人往坏处推

君子小人，人人都有君子的一面，也都有小人的一面。

真正的君子，面对别人，首先把自己君子的一面拿出来，然后激励出对方君子的一面。你当对方是君子，对方就会把君子的一面转向你；你当对方是小人，对方就会展现小人恶人的一面。

当对方向我们倒污水、垃圾时，一定要意识到，也许是因为我们没有拿出我们的善意、仁厚、宽容、慈悲，才会引发对方把不好的东西发泄出来。

教育的一个禁忌：把别人往坏处推。

55
教育者不讲怪、力、乱、神

孔子诲人不倦，处处择机点化众生，但有四件事从来不讲，也不和人讨论。

"怪"，语常不语怪，只讲日用常行，不讲怪异神奇。所谓的"日用常行"，都是最简单的道理，反复讲，并身体力行，没能身体力行，不能体会到简单道理如此的"深刻恰当"。这是儒家的基本面貌。

"力"，是勇力，语德不语力，立身处世靠德，不靠力气大。

"乱"，语治不语乱，只讲正面教材，不讲反面教材，而荒诞不经，骇人听闻，易惑人心志，干脆不讲。

"神"，语人不语神，只讲人事，不讲神话。儒家并不否定神，但也不肯定神，因为谁也没有见过神，但心有敬畏，"如有神在"，但不讨论。

怪、力、乱、神，别人可以讲，教育者不能讲，乱人心思，扰乱人的心智，会把人带入思维的局限中。

56
团结人共同做好一件事情

团结的秘诀在于"齐人心"。比如团结人一起来挖口井,众所周知,要团结一群不缺水的人帮我们挖井是很难的,但引导一群口渴的人一同挖井,就好办多了。问题的关键是要善于把挖井问题转换为口渴问题,让所有人处于困难、紧迫之中,再来谈合作合力挖井,就能达到"齐人心"的目的。

齐人心,最终还是靠理念。比如办好一所学校,要有自己的办学理念。然而,我们的校长并不是缺乏理念,而是未能将理念变成众人的共识或信念,并形成自证严谨、可操作、一以贯之的行动方针。

57
真正的管理是自我管理

人每天至少做几千个决策,所有的决策与行动,决定了一个人的耗能,所以,需要养成很多习惯,把很多的决策从大脑里解放出来,交给习惯。

自我管理,关键是管好自己的念头。

58
领导力的构成

无论是教师、家长,还是校长、局长,影响人,主要靠卓越的领导力,具体包括:

一、"感召力",跟着你,带劲儿,安心,有奔头儿;

二、"洞察力",分析问题透彻、明亮,叫人开窍,来劲儿;

三、"突破力",在节骨眼上,真有两下子,叫人心服,而优柔寡断、呆滞不通、没有才干,这三条只要沾一条,就不可重用；

四、"表达力"，君子贵言，凡言，叫人喜欢听，真动感情，真去行动。

堪当大任者，首先是果决能断之人，即刚强果断，能决大疑定大计，当断则断；其次是通达事理之人，闻一知二，明敏通达，能审时度势，能及时变通而无所阻滞；最后是有才干之人，才为才艺，干为能量充足、执行力极强，有才干方能构思、适应矛盾，才能成事。归纳起来就是，"剖决如流"，也就是孔子讲的"果""达""艺"。

59
无用方为大用

水泥、沙子，再加上水，和成可以砌墙盖大楼的混凝土，但成墙后，水会挥发，虽看不见水，但谁都知道，水曾经发生过重要作用。所谓：无用之用，方为大用。

文化，是看不见的，但有大用，文化是用来指导我们内心的，唯有文化才可以慰藉人的灵魂，抚平我们内在世界的坎坎坷坷。我们要相信文化的力量，看得见看不见都信。

很多人学习了以后，总想把学到的东西立即用到自己的教育实践中，所谓"活学活用""现学现用"。真正的学习是，学而不用，悟而不用，学的目的是悟，而不是用。悟了，就会内化为自己的一种素养；悟得多了，就能积累一种境界和高度，有了高度以后，自然流露出来的心态，就是理想的教育。

一学就用，或者学的目的是直接使用，属于浅层次的学习。每一个孩子都是独立的个体，任何一种教育经验甚至方法都未必适合，只有活化的、个性化的"流露"才是真正的教育。

60
觉醒的孩子，不需要教

觉醒往往根植于每个人内心深处的良知良能。人一旦觉醒，心就立起来了，不需要教了，他自己知道要去哪里、怎么去。

对于孩子来说，真正的觉醒，至少意味着：

一是能体会到父母亲或他人的不容易；

二是终于看见自己了，即"知己无知"，知道自己知道得不多，所以需要不断学习；

三是能涵养住自己的痛苦或一时的失败，活在未来的希望与光明之中；

四是把"有愧"转化为"无愧",人就长大了。

觉醒了的孩子,不需要教;没有觉醒的孩子,教了也没用。

61
心眼打开了,便能知晓天下、明察秋毫

老子讲:"其出弥远,其知弥少。"(《道德经》)如果没有明亮的"心眼",盲目走出去看,只会看得眼花缭乱,无所适从,心也被所谓的"风景"带走了,不知返途。

因此,心眼要打开来,这个时候看东西,是一种享受,不断发现惊喜。走不走出去,都可知晓天下、明察秋毫。心眼关上了,即使走十万八千里,也只是一个脚夫而已。

62
万物皆可育人

人之所以为万物之灵，区别于动物，乃因为人有灵性：

一是抽象能力，所以创建了科学、数学，可发展技艺、技术；

二是人有美感，为美所感动，然后转化为艺术；

三是人有敬意，对于崇高的东西，比如祖先、神明、道德、学问、艺术、未知的自然之力等，人总是充满敬意，而这种敬意促进了文明发展。

人的这种灵性，往往会转化为物性，比如我们现在看见的艺术品、文物等。充满灵性的好物，传达出的信息，让人提升和充满活力；而坏物，充满恶意与邪气，让人困扰和消沉。

格物致知，或许也可以说，是对我们遇见的好物、美物，以上供、中修、下化之三心，引入我们的教育中，以此美化人心、优化道德、净化灵魂。举一个例子，我们遇见了赵朴初先生写的"清净"两字，挂在书房里，盯久了，就化在心里了。内心的清净，是教育智慧生长的源泉和根本。

63
修广大悉备之心

"心"这个汉字,并不简单,它载着道呢。脏腑之中,肝、心、脾、肺、肾、胃等,除了心都有月旁,月肉相通,月代表有形。

修一颗广大悉备之心,简单讲,就是不仅自己有饭吃,还要让很多人有饭吃。一个人愿意为他人、为更多人担当,动力就会越大,心之所至,没有边界,广大悉备,无为而无所不为。

64
慎言,是见什么人、说什么话

"中人以上,可以语上也;中人以下,不可以语上也。"(《论语·雍也》)

教育者的智慧和水平,往往体现在说话上。会说话,就是见什么人、说什么话:

多讲日用常行的，少讲玄妙高深的；以其人之道还治其人之身；因材施教。

65
教育者的定力，是文化意义上的定力

《大学》中讲"止、定、静、安、虑、得"，"定"在中国教育思想体系中，起着价值支撑的作用。

定在何处，力从何来？

动而复静曰定。定，不是不动，而是动了然后静。

《孟子·公孙丑上》讲："不动心。"

什么是不动心？

心是动的，就像水波，而让心不动的是"性"，"性"是不动的，就像静水流深，但"性"自己有方向、有趋势。

心定不下来，到底是本性不足、内心虚弱、血脉偾张。

不在他处，是向内求，一切的力都来自我们内心深处的良知和慈悲，而向外求，是求不来的。

66
教育，就是激发上进

教育能给予人的究竟是什么？我们的教育，尤其学校教育，最终能给人的东西不多，其中最为关键的是积极向上。

《易经》揭示了天道："自强不息，厚德载物。"天地之所以存在并能永恒，正是因为积极向上、不断更新自己。那么，人，作为天地之心，须与天地同频，或者选择积极向上、不断更新自己，才能得以生存；否则，消极向下，必然会为天地所不容。

很奇妙的是，人生命的孕育，也似乎证明了这一点。我们知道，每一个生命，都是最积极上进的那个精子，进入了卵子，受精卵着床孕育而成的。这个过程是精妙而不可思议的。排名第二积极上进的精子，因为卵子只接受第一名而被拒之门外。从这个意义上来看，每一个人天生都是积极向上的。

因此，返回生命起初的积极本然，则百事可做；反之，违逆人的积极天性，则会显得痛苦、难过，生命也因此失去活力。

"积极上进"的六种内涵：不找借口，理解痛苦，戒懒戒傲，相信积累，曲谅人短，面对拂逆。

67
远离哀伤的东西

哀伤是阴浊，哀伤的东西最好不要碰，包括哀伤的音乐、诗词，以及哀伤的人心。天天诉苦或唉声叹气的人，如果不是自己的亲人，就最好离得远一些。

一个人还小的时候，如果哀伤的东西碰多了、入了心，阴浊之气便会形成，积久了就成了病，比如抑郁。很多教育家把这样的孩子接过来，化解掉其阴浊之气，自己也会弄得很辛苦，教育家的头发都是这样变白的，因为需要花费很大的心力。

多接触阳气足的东西。阳气最足的当是圣贤经典，青少年早上起来面向朝阳诵读经典，人身上的阳气就会升上来。

68
"大人",把大东西看得很小

"大人"的"大",那一横是界限,一横之下,是人的欲望,一放纵,就往下堕落;一横之上,是道心所在,但是,出那个头,很难,如果还能再往上走,止于至善,触摸到道了,就是"天"字了。

孟子讲"大人"是"充实而有光辉之谓大"。也就是说,人通过积善积信,蓄积日久,自然显著,通畅于四肢,发扬于事业,至于广大高明,终而成其为大人。

大人之心实质就是赤子之心,通达万变,纯一无伪而已。

在中国文化中,所谓大人,就是把很大的事情看得很小;所谓小人,就是把很小的事情看得很大。

在大人的眼里,所有看似渺小的人和事物,他们的存在都蕴含着一种伟大。这种伟大,需要我们去敬畏、去发现。

69
保持"主气"不动

"主气常静，客气常动。"

"主气常静"，就是在当家做主的时候，非常熟悉这个环境，你可以很安静。

"客气常动"，到了一个陌生的地方，到了一个不熟悉的领域，你会发现有很多的躁动或者不安。

主的本义：主者，尊正掌领之意。保持主气不动，是一种极高的智慧。

"主气"和"客气"，就像心脏和四肢。四肢要勤，才能维护内心的平静，脑子里胡思乱想的东西就会少，心思才能歇息。

只有当我们心思单纯单一了，行动起来才会更加专注，对事情的体悟才会更深刻、更细致。如果想得多了，心思涣散，犹豫不决，难以聚精会神，做什么事情都做不好。

70
有根的人,是站着的,可以弯曲,但不会倒下

根,"木本蟠曲于地者曰根",或"根者,发源之始也"。

根,在地下沉默于黑暗的泥土,暗暗地伸展自己,不会在乎别人怎么看,一点点向深迈进,茁壮成长。

树因为有了根,所以定住了根性,天地间的风雨雷电,均化为对生命的滋养和歌唱,从而变得更加潇洒。

人也一样,有了根,会化现实的琐碎为内心成长的营养。树欲静而风不止,把所遭受的一切,当作前行的动力和意志。有根的人,是站着的,可以弯曲,但不会折断,站在那里,器宇轩昂。

这里的"根"是指,文化之根。当然,不仅是个人,民族、国家,也只有深深扎根于自己的传统文化的土壤之中,才能屹立于世界民族之林。

然而,扎根的过程,是一个艰难的过程。

尼采说,人也一样,越是向往高处温暖而光明的阳光,根就越要伸向黑暗而潮湿的土地。

根能扎多深,就能长多高,这是另外一种生命的对称。怎

样往下扎？就是面对黑暗、孤独、痛苦、无奈，你有一份理解和接纳，这个理解和接纳的过程就是发展根的过程。

对于学习，也是如此，王阳明主张"有根之学"。他说："人孰无根？良知即是天植灵根，自生生不息。但着了私累，把此根戕贼蔽塞，不得发生耳。"有根之学，学得不多，但一天比一天精进明白；无根之学，如饥似渴到处去学，学得多了，就轰然倒塌。

71
在小成功中走向大成功

人人向往成长、成功。这是人性。

教育，需要赋予人人都想成功、都能成功的可能性。

一是注重心情，进步和成功的体验可以优化人的情感，使人有良好心情。良好心情能形成积极向上的态度，是人的智力和品德发展的基础。因此，教育，设立的目标一定要具体、适度，要符合孩子那种"可望可即才能更加努力""跳起来够得着才更加愿意跳"的心理特点。

二是讲究实效，讲究实在。我们既要注重孩子的学习成绩，更要注重孩子的学习质量，注重孩子实质上的成长。

三是发展合作，充分发挥师生、同学间的交互作用。

72
学子之行，君子之气，圣人之心

一、学子之行。对外人、对自己，永远定位自己是一个学生，谦卑、谦虚，有所敬畏，知不足而永怀一颗虚空之心。把高于我们的人，当作老师；对于低于自己的人，也能看到别人身上某一个地方高于自己，不断吸收智慧。

二、君子之气。君子之气包括"行有不得，反求诸己""忠恕之道""温良恭俭让""恭敬忠信"等，但，最终检验一个人身上是否具有君子之气，只有一个字：礼。礼，就是"理"，就是人和人之间合适的距离，有礼之人，就在当下、此刻，去照顾别人。

三、圣人之心。圣人之心就是慈悲心。慈，就是把自己好的东西给别人；悲，就是把别人身上不好的东西拿过来化掉。比如，看到谁身上有毛病，不是去指责，而是将心比心，他也不容易，他身上的问题不是天生的，更需要我们去关怀、去化解。

73
尽力是借口，尽心是穷理

如果办一件事情没办成，我们常说"我尽力了"，这往往是一个借口，找一个借口烂一条根。

人们经常把尽力和尽心放在一起讲，其实尽心和尽力之间差别很大。

尽心是穷理，尽心而知性，知性则知其理之所出。只要尽心，就能找到良知良能，找到自己的天性、本性，而找到自己的本性，就可以知天命了。

尽心，就是一切答案都在自己心里找。

74
持志如心痛

对"志"的认知,莫过于王阳明的"持志如心痛"。他说:"持志如心痛,一心在痛上,岂有工夫说闲话,管闲事?"

持志如心痛,心中有志向,就像心里有一个痛点,一心只在这痛上,我有好多功课要做,哪有工夫去说闲话、管闲事,去交际应酬啊。

持志如心痛,因为心中有志,所以只要一跑偏,心自己会痛,提醒你回来。

而心中有志,就有自己的计划和节奏。让我去做一件计划外的事情,心痛啊,更别说志向之外的事情了。所谓的"机会",于我如浮云,自己要做什么,要到哪里去,自己很清楚,也很彻底。

75
人无大志，就没有气势

三十而立，这里的"立"，不是立业、自立，而是讲立志，也就是"志有定向"。张居正说："学既有得，自家把捉得定，世间外物都动摇不得。"

什么才是"立志"呢？

我们身边人，有许多人一辈子都立不了志，过了四十，还不知道自己志向何在，就是想多挣钱，这不是"志"。真正的"志"，是一种使命，上天所赋予的某一种使命，我们愿意为之努力终身。

立志，什么时候都不晚，而对于青少年来说，立志，比生命都重要。

志，分三个层次，逐级而上。

第一层次，小志。为生活之志，即生存、生活、情感、财富之目标，此为基础。但一个人仅有小志，容易被腐蚀，渐渐会失去精神上的追求，是不会受人尊敬的。

第二层次，中志。在小志的基础上，应有中志，乃"职业之志"，即要有自己相对恒久的事业，不仅仅是为钱粮谋，在一件事情上下笨功夫，十年、二十年、三十年，必然有所成就，让你周围的人，亲人、家人、朋友以你为自豪。但若停留于中志层面，容易被人利用，容易不知不觉依附于权贵，随波逐流。

第三层次，大志。就是"社会之志""民族之志""人类之志"，是一种大的使命，为更多的人担当。但大志是在小志和中志基础上长出来的，只有大志容易成为"空中楼阁"或"乌托邦"。

一个人，若无小志，就不勤快，容易懒散；若无中志，内心无秩序，容易忙碌而无所根基；人无大志，就没有气势。立志，建立一个"梯进"的模型，由小而中，由中而大，就会更加稳定了。

76
掌握坚持的方法论

都知道贵在坚持，但坚持要有方法论。

一、坚持关键在于日日不断之功。不要把自己搞得很勤奋的样子，架势太大，就坚持不了。坚持是极为低调的，每天进步点滴，一天也不间断。

二、养成习惯，就容易坚持了。为什么我们能坚持每天刷牙、坚持每天吃三顿饭？你看人人都可以坚持，因为已经养成习惯了，就能坚持了。

三、儒家的方法是：只问耕耘，不问收获，接受结果。问收获是问不来的，只能问耕耘，成天问有没有效果、有没有结果，也就坚持不了。那什么时候有结果？死了的时候。

77
心立起来，再往前走

"为天地立心"，人是天地之心，而人的一切活动又都是心的表现，人心一动一变，就会影响到天地万物的变化。

在教育上，所有的任务、目的、意义，都可以凝练、提纯为一句话，就是："把人的心扶起来。"这可以说是对教育真谛的一个总概括。

一个人的心立起来了，就意味着主动、自主、自立；而心没有立起来，人是睡着的或者装睡的，呈现出来的是身上的消极、迷茫、傲慢、无知。

心立起来了，再往前走，就是春秋时期鲁国大夫叔孙豹提出的"三不朽"了，即立德、立功、立言。

78
向上走，需要严格自律

走向内心高处，很难，因为需要严格的"律"。

佛教把"律"分解为三个步骤：戒、定、慧。弘一法师用自己的一生修这个"律"字，一是把自己的心不断清空，洗尽，所谓"以清心为要"；二是慎言，所谓"以慎言为先"，尤其不可妄论圣贤，不可背后说人坏话，语少而有分量，才更金贵，才更让人看重你。

79
上善若水，是教育的一个境界

上善若水：一是流动，二是弯曲。

上善若水，就意味着，教育者的美德在于把自己放到低处。把自己放在低处，真理寻找你，好像水寻找洼地，它往下流，找到一个地方后，变成一个湖泊，有了湖泊，水鸟会来，种子会来，鱼儿会来，春天来了，必然生机勃勃，也就有了教育，教育就成了不教而教。

80
蓬生麻中，不扶而直

荀子讲："蓬生麻中，不扶自直。"(《尚书正义》) 乱蓬之草，如果生在苎麻田中，不用人扶，也会长直了，因为苎麻是直的。这句话非常厉害，不断体悟，会不断有新的认识。

老话讲："这个人是扶不起的烂草。"我看，言语过于苛刻了。因为，是不是烂草，实在是要看它长在哪里。

第一层面，讲的是环境之重要。尤其是人文环境，把人搁在一个好的环境里，不用教，氛围会育人心，所以人要交到真正的好朋友、好老师，要往好的人群里走。

第二层面，讲的是平台之重要。种满苎麻的田地，本质上是一个平台，是一种文化，蓬在其中，不扶也会直。做教育，就是做一种文化，以文化育人，是教育的最终归宿。

第三层面，讲的是系统之重要。苎麻田地，是一个有机、动态的系统，自成体系，秩序井然，蓬在其中，不用刻意扶，也会正直成长。比如,课程就是一个系统,三级课程有机分布、整合,六大要素稳定了,就可以育人了。

81
教育常常被我们弄复杂

教育是简洁的,但我们往往无法抵达简洁,因为我们拥有太多,以致弯不下腰和低不下头。

一是简洁。头脑复杂的人,对简洁有着一种特殊的敏感甚至苛求,而头脑简单的人往往追求复杂,用复杂来掩饰自己的简单。

二是简化。在内心深处,就是"舍"。舍去面子,放下身段,就能看见理想的自己;舍去傲慢,敞开心扉,以心换心,你就能收获人缘;舍去私欲,愿意分享,你就能优雅从容;舍去盲目,慎言慎行,你就能变得智慧;舍去消极,相信自己,你就变得乐观开朗;舍去怨气,遇事反求诸己,你就能成长进步。

三是简约。简约是一个人内在世界的有序和清晰。不关注那些离你远的东西,集中精神,人的内心从而变得简约。

启功先生有一副名联:"行文简浅显,做事诚平恒。"这十个字,可以作为教育者一生的遵守。

82
原则,是一个人的大利益

教育,一定要讲原则。

原则是一个人的大利益,是一个人的精神根据地。教育者的精神世界就是由不同的原则建立起来的。

坚持原则,就能创造属于自己的世界。你的原则会自动决定你周围的人的构成。如果你周围都是志同道合、心气相通的人,那么,你的世界会越来越美好。

原则,从哪里来?

从先贤圣哲那里来,从儒释道的经典中来,提炼出来,并一条一条对照践行,最终凝练而成的就是自己安身立命的原则。

83
教育,是内心运行的过程

理,就是纹路,顺着纹路走,顺着规律走,才走得通。

说到"理",其源头是"中者天下之正道,庸者天下之定理"。

教育之道,首先就是循理而行,明足以烛理,做的都是理所当然之事,不犹豫、不纠结,不用大脑思考,该怎样就怎样;其次是素位而行,安于当下位置,守住自己的职责;最后是行有不得,反求诸己,有问题在自己身上找原因。

教育最大的"理"是什么?

教育的"理",是人的内心世界运行的基本规律,"无心外之物,无心外之理",没有任何一种理论能比人心更震撼、更灵动、更有活力。

和人去讲道理,试图去说服别人,是低水平的教育。高水平的教育是,用心灵去感应心灵,用一只无形的手,去触摸到孩子内心那个柔软处,一旦触摸到了,对方心动了、感动了甚至流眼泪了,教育就已经完成了。

84
人可以被唤醒

在人的本性中有一种精神，它以牺牲狭隘的生理利益去追求一种超越生理利益的目标和精神为满足，包括人特有的内在尊严、成就感、责任心、爱等。

这为我们唤醒一个人提供了依据。

醒，这个字，可以概括教育所有的道、法、术。

唤醒，是教育者最重要的任务，也是一门硬功夫，也算是教育上的工匠精神吧，因为需要教育者丰厚的文化底蕴、细腻扎实的洞察力以及解决问题的突破力。

醒了的人，以自己对别人的敬畏来定位自己的价值；迷茫的人，以自己对别人的干预获得自己的存在感。

85
素质好，不怕考

考，就是"烤"。被烤过、淬过火的心灵会更加纯一些。

人一生要经历很多的"烤"，在煎熬、痛苦中，人得以超拔自己，进而提升自己的生命质量。

比如，高考就是一次这样的"考"。未经历高考的人，失去了一次大脑进化的机会。高考就像自然分娩，十月怀胎，最后一刻，大脑经过一次挤压、挣扎，完成进化后，人成其为人，来到了这个世界。而如果是"剖宫产"，大脑未经最后一刻的挤压、挣扎、突破，人身上很多优秀的东西可能就需要后天来补了。

高考，究竟考人的哪些东西呢？

一言难尽，但至少考以下六样，排行一下：

一、"认真的能力"，就是把一件事、一道题做到极致的能力；

二、"反思的智慧"，人的智慧来自错误，在错误中发现的自己，才是真实的、禁得住任何考验的自己；

三、"拙诚的心地"，高考中的小聪明根本不管用，考的都是平时积累的真实的那点儿东西压倒性投入之后的果实；

四、"优质的思维"，高考考的是老师讲过之后、自己发现的东西，这背后是深入、探究的思维，包括洞察的思维、想象的思维、变通的思维等；

五、"内心的高度"，人的内心高度足够高，就能驾驭得了自己，其支撑点是——"担当"，为父母担当，为社会担当，为国家乃至人类担当；

六、"缜密的计划"，没有计划的人往往考不过有计划的人，有缜密计划者，不战而胜；

其实，考的都是素质，"素质好，不怕考"，而这些素质、德行、心灵品质，是管一辈子的。

86
人往高处走，沿着阶梯走

一个人通过一段时间的努力，使自己的思想和行为迈上一个新的台阶，达到一个新的稳定的水平，这是人人都能够做到的。

人的进步，有一个原则：低起点，小坡度，勤奋斗，大发展。

"阶梯"，是人类伟大的发明之一，让我们的进步有了标准。

具体而言，阶梯，把"阶段发展"化为一个个可执行、可评价的步骤，使小目标、中目标、大目标相互融合、相互配套，与简单划分几个阶段不同,它有向上的、明确的标准,所以兼具价值的引领性、行动的指令性,使人人想发展、人人能发展、人人好发展,进而激发了人的主动性。

"阶梯",既是认识论,也是价值观,更是方法论,是一个人和一份事业进步的法宝,而"梯进"两字,又是建构或建模的逻辑起点。

87
适合的教育,让人没有感觉自己在接受教育

身体适合了,四肢就被忘掉了;内心适合了,是非就被忘掉了;当鞋合适时,脚就被忘记了。

适合的教育是,让学生感觉不到自己在接受教育,只是无痕的浸润。

适合的教育,深层次的原理是做"不惑""不忧""不惧"的教育。

一、智者"不惑"。心如明镜则不惑,但是,心镜时常为私

欲和气禀所模糊，因此，需要"时时勤擦拭，勿使染尘埃"。事物之来，无不洞达分晓，即使是巧诈疑难，也炫乱不得，何惑之有？

二、仁者"不忧"。我们的忧虑、焦虑比疑惑还多。忧什么呢？不是忧天下之忧，而是忧自己的得失、将来。

三、勇者"不惧"。人之不免于恐惧者，在于正气不足、道义不足。勇者，善养正气，至大至刚，浩然塞于天地，故能执守原则，遇事奋发敢为、当行便行、当止则止，居仁由义，无有丝毫恐怖。

88
教育的真谛就是"尽人之性"

"尽人之性"，就是把人身上本来就有的良知、良能，充分扩充、发挥，则可以"参天地之化育"。

性是什么？

从教育实践来看，就是仁、义、礼、智。仁是内心真挚深沉的爱；义是正义之宜，一切按照义理的要求，该怎样就怎样；礼是举手投足都是敬，学会谦让，学会与名利得失保持适当距离；智是通透人心、人情、事理。这些都是我们本身具备的东西，只是需要聚焦它、扩充它、放大它。这四个字，就是我们精神上的"四肢"。"四肢"健全自足的人，从面貌上就会发散出来，清和润泽、可亲可敬，从肩背上就会显现出来，盎然丰厚，让人想模仿他的风范。培养四肢健全的人，是教育的目的。

"尽人之性"，关键点：一是从模仿到独创，大量地模仿，然后从量变到质变；二是学会启发，不愤不启，不悱不发；三是按计划进行，克服盲目性和随意性，不断深化，及时反馈评价。

89
教育是"熏"出来的

教育如心灵芬芳，一朵玫瑰是不需要布道的，只需散发它的芬芳。

林语堂先生曾说，在牛津、剑桥，那些老师怎么去教学生，他们把学生叫来，一边抽着烟斗，一边天南海北地聊，学生被他们的烟和谈话熏着，就这么"熏"出来了。

90
福流澎湃

"福流澎湃"这四个字是清华大学彭凯平教授翻译过来的,意指西方积极心理学中的"心流"。当人进入一种"心流"状态时,内心涌动着无声息的幸福,如入无人之境,忘却时间的存在。然而,如今的人,很难进入那种"福流澎湃"中,简单说,难以喜悦。

教育的福流有三。

一是"沉浸"。美的东西,可以让我喜悦,而喜悦又会带给我巨大的热情与动力,从而推动着我往深处走,而深处是宁静的,清流在深处。在那里,人神是静定的,心思也会变得纯净、清晰,而内心会感到被安住了,再也听不到得失、争执、计较、分别、好坏、价钱,这些都消失了。

二是"意义感"。学习一种东西时,当加入了充分的意义感,时间长了,便会出现庖丁解牛时那种心流,"神遇而不以目视,官知止而神欲行";"以无厚入有间,恢恢乎其于游刃必有余地矣"(《庄子·养生主》)。在学习教育之道近二十年的过程中,常常感到了这种"学而时习之,不亦乐乎"的内在喜悦,积累多了,吾性光明,夫复何求?

三是"凡事极致"。做事时,亦可抵达"福流澎湃"之境地。

《卖油翁》中言：

> 乃取一葫芦置于地，以钱覆其口，徐以杓酌油沥之，自钱孔入而钱不湿，因曰："我亦无他，唯手熟尔。"

在做事的过程中，下足笨功夫，把一件事情做到极致。"人一能之，己百之，人十能之，己千之。"(《礼记·中庸》)

91
价值观具有大力量

带队伍，尤其建设教师队伍，真正起作用的一定是价值观。而最重要的一个价值观应该是：心怀仁义。

心怀仁义，做什么事都是担当，而不是为了利益。正如孟子所言："为人臣者怀仁义以事其君，为人子者怀仁义以事其父，为人弟者怀仁义以事其兄，是君臣父子兄去利、怀仁义以相接也，然而不王者，未之有也。"(《孟子·告子下》)

仁义之师，其每个个体应当是理想主义的，有理想，志有定向，勇往直前；而没有理想，一心逐利，只关注技术，就会被利欲和功利所牵引，最终一定会迷失。

92
自由和纪律

纪律是必要的，在人通往知识的道路上，纪律使人清晰、有条理，因此纪律可以帮助人获得有价值的知识。

但是，过分强调纪律却会让人思维僵化进而失去自由。在教育实践中，自由和纪律之间的结合点是，自由是思维的自由，而纪律必须是自我管理自我约束的，不是强加的"控制"。这样，纪律和自由就能结合起来，可以帮助学生获得智慧。

总而言之，自我教育是教育的最高境界，因为它结合了自由和纪律，这是教育的科学性所在。

93
写字,是手指间的舞蹈

我们的手正在退化,当下生活中大部分东西都不是手直接创造出来的。手工的东西如今已经是最具质感和温度的"文明"了,而造物主在发笑。这似乎意味着,我们的手指可能开始失去了激扬生命价值的功能。

许多教育家呼吁"做中学",倡导孩子们用手做,用手去触摸、感知这个世界,在实践和体验中获得感悟,这是具有远见的。

相对于其他形式的"做中学",写字是最好的途径之一。写字的本质就是手指尖的一种舞蹈,一种心灵之舞蹈。写字的过程,实质是炼心的过程。所谓炼心,主要是修炼专心,即把散漫心收到一件事情上来,专心则致志,致志则诚笃,诚笃则石开。

94
教育的语态

教育的境界是：用意不用力。比如唱歌，唱到高音部分上不去了，于是就声嘶力竭，这叫用力；而真正的歌唱家，声音高亢甜美，却不觉丝毫费力，这就是用意不用力，是身心合一。

理想的教育语态是"轻轻地说"，轻轻地说，才能稳定好自己的情绪与力度，不以自己的急导致对方的乱，让对方找到自己的节奏。

在教育上，"轻轻"两字，重若千斤。

95
当下，就是价值，就是意义

传说，有一位专修戒律的大师向慧海禅师挑战：你们只讲禅的，修道用功否？

慧海禅师答：用功。又问：如何用功？慧海禅师答：饥来吃饭，困来即眠。

专修戒律的大师不解，他专门参研戒律，大抵不服气你禅宗在吃饭睡觉中修行，便接着问：一般人总如是，你跟他们有何不同？慧海禅师说：一般人吃饭时不肯吃饭，百种需索；睡时不肯眠，千般计较。

当下，就是价值、就是意义。让当下的精神主导我们的教育，这就意味着从过往的懊悔以及对未来的担忧中抽离出来，专注于眼前人、眼前事。

96

有人敬你茶，一定要接得住

人，是要有人托举的。敬你茶的人，有可能正是托举你的人，你得郑重地接住。

别人侮辱你、欺骗你、打击你、诽谤你，你可以不用管，以直报怨、以德报德就是了。但如果有人敬你，这是你生命中极为珍贵的东西，你一定要接下来，蓄养于心，这才是真正的财富。

要能接得住，先得庄严自己。而庄严自己，就是为自己赢得空间、赢得别人的托举。

97
我们喝的不是茶，是教育

日本的茶道之父千利休说：从茶里面，我想到了那些渺小中的伟大。

一杯茶里面，渺小的东西是什么呢？渺小到我们看不到的是，茶叶里面，蕴含着它所生长的那一片天地里的信息，包括滋养它的土壤、矿物质、雨水、阳光、空气等。

茶伟大在什么地方呢？那么丰富、深刻的东西，却又那么谦卑地存在着，经过几十道工序的"煎熬""挣扎"，终于脱胎换骨，站在了我们面前。不管谁面对它，哪怕是一个粗鲁无礼之人，都能够做到无私的给予和释放，从不嫌弃。

茶是有道行的：缓慢、审美、敬畏。其实这也是教育的三个道行。

一是缓慢的心情。

在这样的时代里，缓慢是很难的。汉字里，有一个非常重要的字，就是"忙"字，心字边一个死亡的亡，因为太忙，心灵的感受全部死亡了，心都死了，一切都了无意义。喝茶之前，有一些程序，目的是先慢下来，如果不慢下来，茶就是苦的。教育上的"苦"也是这样来的，太快了，天天喝苦水。

二是审美的喜悦。

茶，不是简单的树叶，它蕴含着它生长地方大自然的信息，土壤的、阳光的、雨露的以及制作它时茶人的虔诚与自信，真正会喝茶的人，喝的不是叶子，而是一棵树，以及它的根、它的挺拔身姿，想象自己一下子坐在了茶树生长的山头上，充满喜悦。喝茶是一个独特的审美之旅，我们的想象和情感全部在其中。

三是敬畏的深度。

制茶的过程，非常复杂，每片茶叶来到我们的面前，都经历了高温的煎熬、反复的修炼，我们再用开水，使之复活、重新觉醒，这是一个神奇的生命历程。而它又非常包容，对喝茶的人从不挑剔，谁都可以用开水烫泡它、喝它，毫无怨言。但只有生起了敬畏心的人，才能真正地喝到茶之真味、茶之神圣。

我们喝的不是茶，是教育。

98
中国人的家教

"家",在西方人看来,只是人生的一个驿站,他们的灵魂最终要到上帝那里去;而"家"在中国人看来,是人生的一种归宿,因为我们的灵魂最终要回到祖先那里。在中国几千年的文化里,家国同构,"家天下",所以叫国家情怀、家国情怀。

在中国,"家",作为一种信仰存在,是当我们在外面疲惫了、劳累了、受到伤害了,立即想回去的地方。

可惜的是,现在的很多孩子,宁愿在街头流浪,也不愿意回家。因为他的家给不了他所需要的东西,不能让心灵得以栖息。即使身体勉强回了家,心灵依然在外面乞讨,这是教育失败的根源之一。

99
教育走向真实

教育是真实发生的。

"真",去伪也。"伪"是"人为",人为的都是可以做到的,而真,则需要返归本体、返归赤子之心,需要反复锤炼、提炼、修炼。真,是教育的一个高级的价值系统。

"实",实人实心实意,说的每一句都实,做的每一件事情都实,起的每一个念头都实,实事求是,才能接近本真,接近一切的真相。

教育的方法论

- 教育，并非万能
- 没有秘密的孩子长不大
- 看平不同，包容差异
- 人无法被说服，但可以被说动
- 打开了心门，让阳光照进去
- 教育的秘诀是"三分教，七分等"
- 学会闭着嘴说话
- 教育的模式，就是"可靠的概括"
- 答案，往往就在问题背面

- 鱼烤焦了，不是火大而是心急
- "礼"是照见自己的镜子
- 越熟悉，越要以礼相待
- 包容不了缺点，培养不了优势
- 嘴巴的品质是耳朵培养的
- 兴趣是人生的"方向盘"
- 除杂草的好办法是种大树
- 在事上磨，是伟大的学习方法
- 警惕知识的副作用

01
教育，并非万能

教育应当使每个人的天性得到健康生长，而不是强迫儿童接受外来的知识与道德要求，与种树、种庄稼一样，疏松土壤，兴修水利，让根系得到自然发展，教育就是要让人自由生长、主动学习。

教育并非万能。传统或者流俗的教育理念，往往夸大了教育的作用，认为教育是无所不至、无所不能的，一切教育目标都可以通过教育技巧实现，这恰恰也是当前素质教育与应试教育冲突的内隐症结所在。

02
父母和教师身上百药齐全

教育是道，而不是技术。

其实，每个父母和教师身上都是百药齐全，他们不缺乏技术,只要给予"道"的提示和点拨,他们一定能创造出无限精彩的、适合孩子的教育策略,做到"手中无剑,心中有剑"。

03
没有秘密的孩子长不大

允许孩子有秘密,是帮助孩子走向独立的踏脚石。

从教育学的角度来说,走向独立是现代人的基本特征之一,而拥有个人秘密并能恰当处置正是走向独立的要素。对于人来说,秘密往往与责任相连,并且独立承担责任。

孩子需要有自己的世界。在这个世界中摸索、碰撞,在这个过程中知道问题的边界,找到解决问题的方案。任何粗鲁地插手,都会让孩子在自己找寻坐标的过程中感到被监视,甚至感到被羞辱。

04
让孩子像野花一样生长

冰心老人讲，要让孩子像野花一样生长。笔者认为，这是教育的终极理想。

让孩子们在属于自己的广阔天地中，选择适合自己的方式生长，而不是按照我们希望的样子去修剪，甚至使用化肥、农药、生物技术控制和改变他们的生长节奏。

教育者很容易为了分数、为了眼前的教育利益舍本逐末。全中国的家长没在一起开过会，但有一句话异口同声："孩子，只要你有了好分数，其他的一切你都不要管。"这真是一个可怕的共识！

05
想得到，却做不到

能想到，但做不到，是因为不够厚重。厚重的人，才能找到教育的做点，而做点往往很小，所以，心浮气躁的人拿捏不住。

人心或明或暗，这决定了教育的做点是细微的。比如赞美人，需要在细节上赞美；比如扶起人的信心，需要在人通过自己努力实现了成功之后去激发、彰显。

所谓的执行力，其精髓就是"梯进"；否则总是想得到、做不到，在想和做之间，只有"阶梯"才能把人渡过去。

而在教育过程中，把某一个教育目标设定为若干个阶梯，每一个阶梯都有具体的指标或者要求，一个阶梯一阶梯，做到位了，结果就实现了。

06
居之无倦，行之以忠

《论语·颜渊》讲："居之无倦，行之以忠。"前者的意思是，做事情，始终如一，不倦怠，不遗余力，一以贯之，稍一松懈，就或前功尽弃了；后者的意思是，尽己之心，不自欺欺人，事事对得起良心，对得起他人，对得起天下。

《诗经》也讲："靡不有初，鲜克有终。"开始时，人人都可以励精图治，到后来，就懈怠了，这是人性。

自古以来，创业易，守业难，皆因难于做到"居之无倦，行之以忠"。我们经常讲的"中年危机""59岁现象",都是"居之无倦"的问题,过去的追求已经没有意义,新的目标没有出现,权力与金钱在手里还不愿意放手,这时候,就危险了。

07
看平不同,包容差异

佛教中有一个词"平等普遍",意思是,像太阳一样,谁都照,不嫌弃任何人、任何事物,无论好的、坏的。

老子忠告:"以万物为刍狗。"(《道德经》)当我们站在足够高的地方看,马路上的宝马、奔驰与夏利、QQ,是没有差别的,都是"火柴盒"。当我们的心还在低处时,就必然会去计较是非、对错、异同、好赖。

人与人之间,是有差异的,各有特色,这是客观的。只是我们需要"看平",而看平,则需要消解自卑与傲慢两种心理。

师德的养成,也是从"平等普遍"开始的,尊重每一个生命,看平不同,包容差异,由近及远,向外推广。

08
睁一只眼，闭一只眼

很多事情的真因是被隐藏的，我们看到的往往都是表象。透过表象，把隐藏起来的、背后的真因找出来，问题就可以一步一步得到解决。

一个教育者内心运行的最大特点就是，隐忧——心里隐隐不安而不得放下，悱恻而不忍。隐忧是有声音的，是心底不断的敲打声。

父母的隐忧是家庭教育最大的障碍，就是表面上装着没事人一样，内心却充满焦虑和担忧，由于对教育、对生命发展规律的无知和不顾，忙于纠缠表面上的一点点对错，因此失去了内在的沉静与从容。

我们应当把自己从"隐忧"中解脱出来，方法就是"睁一只眼闭一只眼"。"睁"，是心里明白，知道事情的整个过程，只是守望；"闭"，是不表现在语言或情绪上，不急于作为，等等看。有智慧的教育者，一是学会隐忍，对于孩子一时的变化，不急于介入，给孩子留出调整自己的时间和空间；二是学会隐化，控制住自己的情绪，将偶然出现的"事故"化于无形。

09
没有启发,没有教育

对人施加有效影响,就是启发。

孔子讲:"不愤不启,不悱不发。"(《论语·述而》)那么什么是"愤",什么是"悱"呢?朱熹解释说:"愤者,心求通而未得之意;悱者,口欲言而未能之貌。"(《四书章句集注·论语集注》)

我们人类的心理活动是和周围物质世界密切相关的。周围世界的结构特点也必然会反映到我们的心理活动上。我们生活在一个充满规则性结构的物理世界中,因而人类具有一种心理特点:总喜欢追求规律性,总喜欢追求对称、均衡、普遍、完满等。马斯洛也认为,人类除了五种基本需求,最高级别的需求是审美需求,它统领一切。这,就为启发提供了可能性。

启发就是形成空穴。对于一种知识,我们如果知之甚少或一无所知,是不会有求知欲的。知识的空穴正是因为有一些已知的东西存在,并以一种特殊方式存在,显示了该知而不知,引发人求对称、求配套、求圆满、求连续的心理渴望,从而产生了求知欲。

可见,启发的技术在于,需先有一些基本的、已知的材料,而且加以组织加工,使人感到"该有而没有"。组织加工的方法有很多：一是把没有对称性的知识加以整理，显示其内在的配套结构和对称性；二是展示知识内在的因果关系；三是树立一定的比较标准。

10
存好心，说好话

好心，是依据别人内心的需要而生的，而不是自己认定的待人标准。

好话，话者化也。一句好话，其声与人共鸣，其音与人化合，声入耳，音入心，前者有限，后者无限。

存好心，多说好话。任何情境下，无论对谁，不说晦气的、消极的、打击人的丧气话，尽一切可能说给人带来喜悦、带来感动的话，可谓"良言一句三冬暖，恶语伤人六月寒"。

11
人无法被说服,但可以被说动

人是无法被"说服"的。企图说服别人本身就是给自己挖坑,这个坑叫作"我执";说服别人,也是给别人身上加上枷锁,这个枷锁叫作"就范",戴着这个枷锁的孩子,不得自由。

但,人可以被"说动"。人一被感动,心门就打开了,心门打开了,阳光就照进去,内心有了光,人自己便知道要去哪里、怎么去。说动,不是让人觉得有道理、有收获,而是不假思索、直接去行动。

教育上,要从说服的坑里跳出来,努力领悟说动的能耐。如果说不动,最好立即闭上嘴。所谓大师,就是能说动人立即去做、去行动,而不是苦口婆心说服人。

12
选择面对

所有发生都是我们生命的组成部分，不要去逃避。逃避，让人乏力、无奈。

我们每天遇到的问题，之所以会成为问题，是因我们的心尚在低处，还没有能力解决它。或者说，所谓的问题，是在你认为是问题的时候成为问题的。

对于问题，不如选择面对，面对了，也就放下了；而回避问题，问题就会成为我们的心理负担。

选择面对，不惧怕问题，想到就努力做到，在做的过程中提高自己的认知水平与精神境界。

选择面对，还意味着从对过往的懊悔、对未来的担忧之中抽离出来，专注于当下，把手头上的事情做好，做到极致。对过往的懊悔以及对未来的担忧是没有意义的，一切的意义在当下。活在当下的人，至少人生是无憾的，无憾即有意义。

选择面对，实际上就是把问题摆在桌面上。摆在桌面上，并非立即就可以解决它，但需要我们正视它，不遮掩、不委蛇，君子坦荡荡。事实上，没有任何一个问题是可以一下子就解决的，需要遵循因果关系一步一步来，渐渐地我们就能看清问题的起点、本质和过程，在过程中立足自己、驾驭自己。可以说，所有问题的出现，都是用来考验我们的耐性。

13
教育者的使命

　　托尔斯泰曾说：人们常常想用发现别人的缺点来表现自己，但他们用这种方式表明的只是他们的无能。一个人越聪明、越善良，看到别人身上的美德越多；而人越愚蠢、越恶毒，看到别人身上的缺点也越多。

　　教育者的三个使命：

　　一是研究如何让自己成为学生的偶像，让学生崇拜自己；

　　二是研究如何教得更好，让学生更容易接受；

　　三是研究如何组织学生自己学，培养出让自己崇拜的学生。

14
在人的心里下功夫

许多人认为,激发主动,主要是从人的动机出发。其实不然,我们很难改变一个人的动机,但可以对人的态度施加影响。

态度是人内心世界的核心,是一种倾向性,而尚未形成动机。态度是由价值观、个性、需要三个元素构成的。

"指导",实质就是对人的态度施加影响,即对其价值观、个性、需要进行引导、激发。当人的态度定向了,人会在外在条件具备时,将态度转变为动机。

15
这是有心人的世界

这个世界不是有权人的世界,也不是有钱人的世界,而是有心人的世界。

换言之,这个世界真正的统治者是有心人,而有心人是一个特殊的、少数的人类种群。

教育，更是属于有心人的世界。

16
打开心门，让阳光照进去

教育就是生长。

从教育学的角度看，孩子并非未长大的成人，他们的儿童期本身具有特殊价值，教育的任务是保护这种价值，具体做法是：尽可能给予孩子内心生长需要的阳光，如果做不到，至少不要挡住阳光。人，更加需要的是阳光。

亚历山大站在正躺着晒太阳的第欧根尼前面，说："我是马其顿帝国的国王亚历山大。"第欧根尼说："我是狗崽子第欧根尼。"亚历山大又说："我能为你做点儿什么？"第欧根尼说："请你走开，不要挡住我的阳光。"权倾四海的亚历山大认为，他能做的事一定是第欧根尼渴望的，因为在他看来，权力使自己无所不能，而第欧根尼需要的只是阳光。

内心充满阳光的人，精神灿烂，充满欢笑。教育没有了阳光和欢笑，就会失去意义。教育的力量在于给每一个生命输送一种能量，使其自然盛开，并给予庆祝。

17
学会商量

汉语中有一个很美好的词语：商量。

事实上，没有什么不可以商量的。

假如有一个孩子沉迷网络，怎么办？商量着来：第一步，你看是否可以把电脑搬到大家都能看到的地方玩，比如客厅，让大家相信你；第二步，你看是否自己规定每天上网的时间；第三步，你看能否和父母一起分享网上的好东西，甚至通过网络帮助大人解决一些生活中的困难。

有商量，就有教育；不商量，就没有教育。

18
手巧才能心灵

古人由于工具简陋,仅凭双手雕琢一颗硬度极高的珠子,有时需要几年甚至十几年,耗尽心力。今人似乎难以理解,然而在这个过程中,手指的灵活性得到提升,进而大脑也得到彻底解放。

今天我们的教育似乎缺了关于手指课程的教育。我们知道,人类的解放,是经由手的进化而实现的,核心部分就是手指功能的发展和细化,手巧才能心灵。

19
转化落后学生的两项基本原则

中医有两个主张是极为高明的:

一是主张治本,从不舒服的地方出发,找到主要矛盾,经过综合调理,进而系统地解决问题;

二是主张扶正祛邪，即主张扶植肌体自身产生的力量，去战胜疾病。

以人为本，标本兼治，是转化落后学生的两项基本原则。

20
爱孩子，就像爱自己身体

身体是自己的，犹如孩子是自己的。疾病是孩子的恶作剧，是孩子野性的一种宣泄。它是一种巨大的能量，可以转化为成长的动力。但是，如果我们敌视和恐惧这种能量，不惜耗费更多的能量清除它，这无异于疯狂地对抗或自相残杀。

对待身体要像对待自己的孩子一样，应该关心它、帮助它、引导它、锻炼它，而不是漠视它、压抑它、强制它、仇视它。这正如孩子犯了错，要去倾听他的诉说，然后引导他用自身的能量匡正自己、重构自己。

倒过来，就是对师德的一种描述：爱孩子，就像爱自己的身体。

21
整体，辨证，根除

中医讲的三大诊治原理：整体，辨证，根除。从教育上来看，也颇有借鉴价值。

一是整体，即整体地看一个人，"君子不器"，把着眼点放在人的生命发展的整体性、系统性、可持续性上，注重人的德行、文化底蕴、内心高度等方面的提升上，而不是只盯着某一个局部，比如才能、分数、技艺。那些只管起步，一开始有用，人越往后走，越靠修养。

二是辨证，包括：有教无类，平等普遍；因材施教，从浅近的地方着手，让人一点点提高；循循善诱，让人一点点探索、一点点摸索；以其人之道还治其人之身，用人自己身上本来就有的、本来就懂的道理，来引领之、激励之，让人进步。

三是根除，凡病皆有因，皆有藏在背后的病灶、端倪。教育之高手，均可透过表面，一下子抓住根本，彻底拔除之，然后祛邪扶正，因势利导，充分发挥其自身力量，养出好的东西，则可长治久安。

22
越慢越有力量

好的风景，都是在我们慢的时候，才能看见。

佛家有一个方法值得借鉴：就是每次说话之前控制三秒再说；走路之前准备起身了，停三秒再动；早上起床不要一醒马上起来，要停一会儿再起来。

这是关于慢的法门，是养生的，也是养心的。

而实际上，这是通过一种行为模式来调整过快的应激机制。如今，各种竞争、各种贪嗔痴、各种浮躁功利把我们的系统搞乱了，我们需要调整自己，让自己慢下来，以建立一个更好的身心运转之优雅机制。

如此，渐渐地，我们就可以慢下来，心也就定了，心一定，教育就有了作为的空间。

23
含蓄，本身就是智慧

教育是一个过程，是动态的，因此，并不存在某一个万能的方法，而是在动态之中，把握节点、时机。

教育的过程是曲，而非直，即"曲则全，枉则直"。对于教育者来说，实际上是一种收敛，就是让一步，等待孩子找到自己的调整方法。

这就像一条河的流动，是曲折而前行的。它在曲折处积蓄能量，当内在能量积蓄到一定程度，就突破之，继续往前走。而当河流在弯曲处积蓄能量时，这个地方，鱼虾生物就能生存，处处见生机；反之，如果一味地"直"下去，一泻千里，什么也养不住。

《周易》中的第五卦"需"卦，是等待、积蓄的意思。大多数时候，需要学会等待，需要曲而全，需要积蓄足够的能量。

24
延迟满足，自主控制

花很长的时间期待，很困难地得到一样东西，我们就会对这件东西非常的珍惜。反之，很容易就能取得，或者选择很多，就会不珍惜。

我们把这种现象，叫"满足效应"，是人性中一个很有趣的特点。因此，教育者需掌握延迟满足或有条件满足的方法，以培养学生的自控能力。

25
近悦远来

儒家的智慧，是由近及远，一点点往外推的。比如，从格物开始，然后致知、诚意、正心、修身，最后齐家、治国、平天下。

《论语·子路》中说："近者悦，远者来。"就是说，近处的人愉悦了、舒心了、幸福了，远处的人自己就来了。如果远处的还没有来，唯一的原因就是近处的人还不够愉悦。

教育上，你周围的人，你的家人、学生、朋友，因为你的存在而感到心安、欢喜，然后再让更远处的人受益；而伪君子则相反，对待周围的人不冷不热，却在远处的、不认识的人面前树立良好的形象。

再有，眼前人最重要。比如与人喝茶、吃饭，全神贯注，来了电话等一会儿再回过去也不迟，这也是近悦远来。

26
教育的秘诀是"三分教，七分等"

人的一生大部分时间都是用来等待的，无论教育，还是人生。

树不可长得太快，一年生当柴，三年五年生当桌椅，十年百年的才有可能成为栋梁。故要养深积厚、静待花开。

教育的秘密不是教，而是等。等待是教育的大智慧。

等待，意味着与时间交朋友。有了时间的介入，才能够将思想的种子和人的内心产生化学反应，才能出现化解问题的契机。

等是一种能力，等的能力越强，时间对于问题的介入就越深入、全面，一切问题在时间面前，都会慢慢发酵、转化、生成，就像用电饭煲煮米饭，贪巧求速，做出来的就一定是夹生饭。

待，就是需卦的需，需字加一个单人旁，就是儒，儒是优雅的从容，沉住气，静下来，才能以一颗灵敏的心灵去感知并捉定事物发展的转机，从而做出判断或者选择。

等你心里布满了春天，出门便是绿树青草。

27

倾听是美德

教育，在很多时候，只需倾听。一流的教育家，都是不说话的，只是倾听。

在繁体字中，听是"耳德"，你的德行在耳朵上呈现出来。

别人说一说，你听一听，为对方的心烦气躁降降温；你只是倾听，说的人，就会自我调整，说得好，人会很开心；说得不好，人会自责。

有人说，有人听，构成一台戏，流畅、自然，教育已经完成了。

有位妈妈声带上长了结节，医生强迫她噤声，至少十天不许说话。

这天，儿子放学回家，进门就嚷："我讨厌老师！再也不去学校了！"

如果平时听到儿子这么说，妈妈一定要严厉地训斥他。但是，这一次她没有这样做，因为她不能讲话。

气愤的儿子趴在母亲的膝盖上，伤心地哭着："妈妈，今天老师叫我们写一篇作文，我拼错了一个字，老师就批评了我，结果同学们都笑我，真没面子！"

妈妈依然没有说话，只是搂着伤心的儿子。儿子沉默了几分钟，从妈妈怀中站了起来，平静地说："我要去公园了，同学们还等着我呢。谢谢你听我说这些。"

由于一个特殊的原因，这位母亲体会到了"倾听"在教育中的重要意义。

28
学会闭着嘴说话

有一个人从不乱发表自己的见解，即使是开会，当绝大多数与会者都踊跃发言时，他也保持沉默。

有一位多事者很想知道这是为什么。

多事者：你为何总保持沉默？

沉默者：我习惯沉默。

多事者：据我了解，你以前可是很喜欢说话的。

沉默者：那只是年少轻狂，总喜欢出风头。

多事者：为何会有如此大的改变？

沉默者：你的问题我不好直接回答。我问你，佛为什么会令人尊敬？

多事者：为什么？

沉默者：因为他无时无刻不在保持沉默。

多事者（恍然大悟）：我明白了。

教育的境界是，行无言之教，语言是有局限的，而真正的教育，你走进家门、走进教育，你站在那里，你的话就已经讲完了。

29

积累的结果

孔子讲："君子上达，小人下达。"（《论语·宪问》）

"君子上达"，君子志有定向，气血十足，每天想着如何进步,而进步来自积累。每日有进步并且保持住,时间长了,底盘厚实,精神丰盈,甚至自己都想不到。

"小人下达",指人的退步或者堕落,也来自积累。小人因为志无定向,浑浑噩噩,即使经常有些收获,也未能加以积累,到最后两手空空。

积累对生命的意义在于:一是日日不断之功,不求日进斗金,但求日日有收获,月月有总结,年年有余粮;二是颗粒归仓,一分付出,就可能有一分收获,收获再小,一一归仓,时间长了,也一定会丰收满仓。

30
看法决定做法

"积极地看",任何一件事情,都是两面的,有智慧的人,总是能看到积极的一面。

"整体地看",任何一件事情,我们所看到的,都是一个局部,从局部出发,看到整体,从整体上去把握。

"发展地看",任何一件事情,都是在发展的。

"阶段地看",认识我们所处的阶段以及上一个阶段、下一个阶段,在历史中找到自己的定位。

看孩子的成长过程,需要掌握"四看"的原则,才能从容优雅、不慌不忙、自然而然。

31
教育,要讲气息

有的人的气息都是"喘"的,这个"喘"字,意味着一种局促、一种骨子里的不安,慢不下来,止不了息。

先贤有云:"有才而性缓定属大才;有勇而气和斯为大勇。"

"气"在中国文化史、科技史、思想史上均占有重要地位。在人的修炼过程中,气很重要,如何收得住一股平静之气,才是教育的真谛。

人和人之间,比的不是分数高低、力气大小、财富多少、地位贵贱,比的是谁能沉得住气。这是人的核心竞争力。

乌龟之所以能活五十年,是因为乌龟一次呼吸四十五秒,又慢又长,而人一次呼吸五秒。武当道家的修为功法"玄武定",包括潜心、潜息,真定、出定,一定有其道理。

能止息者,方能在教育上把握微妙、动静、分寸。

32
利他之心，比金子贵

我们的教育培养了一些这样的人，就是他们在任何时候，判断事情就两个原则：一是怎么有利于自己，二是如何实现自己的目的。有人称这种人为"精致的利己主义者"。而真正的人才，一定有一种共同的品质，那就是利他，这是人类文明的大成果。

美国杰出的人类学家玛格丽特·米德，曾经只身去了一个太平洋上的小岛，写了著名的《萨摩亚人的成年》，让人们开始思考文明的起源。

在一次公开讲演后，一位听众向玛格丽特·米德提问：发掘出一个原始部落的遗址后，您怎么判断这个部落是否已进入早期文明阶段？

玛格丽特·米德的回答是：文明的最初标志是，部落里出现受伤后又愈合的股骨。在一个完全野蛮的部落里，个体的生死纯粹取决于残酷的丛林法则，优胜劣汰，除了少数特例，多数受伤的个体都无法生存下去，更别说等到骨伤痊愈了。如果在一个部落的遗址中出现了大量愈合的股骨，就说明这些原始人在受伤后得到了同伴的照顾和保护，有人跟他们分享火堆、水和食物，直到他们的骨伤愈合。大量愈合的股骨，这标志着原始人类开始懂得帮助别人、照顾别人，而这也正是文明与野蛮之间最根本的区别。

33
教育的模式，就是"可靠的概括"

事物喜欢隐藏它们的真实本性，而人有一种深层次的需要，即去发现之、探索之、研究之。这个需要，构成了教育的空间与可能性。

比如，一棵树，越是向往高处温暖而光明的阳光，隐藏起来的根越是要伸向黑暗而潮湿的土地。对树根的探索，是人的深层次的需要。

模式是反映事物本质的一个复杂而精巧的机制。机制是客观存在的，比如"耗散结构"理论的创始人伊利亚·普里高津所说：即使在最简单的细胞中，新陈代谢功能也包括几千个耦合的化学反应，并需要一个精巧的机制加以控制。

教育模式的建构有三个基本要求：

一是合乎目的功能与条件，须是开放的、内洽的、生成的，不然模式一定会控制人的创造力；

二是一个模式的构建，须有至少一个技术上的重大突破或重大发明作为支撑，否则模式是不具有价值的；

三是模式必须同时具备战略性、系统性、实践性三个原则，以形成一个体系。

34
自学成才

一切真理要由学生自己获得或由他们重新发现、重建。

以自学为价值核心的课堂，至少有三个本体价值：一是让学生好学（二度消化），二是让学生想学（激发上进），三是让学生会学（引导生成）。

以自学为价值核心的课堂，不能没有这四件法宝：一是概括，没有概括就没有自学，概括能力是需要训练的；二是生成，引导生成是课堂活力的源泉；三是评价，从教师评价转换为学生自我评价，这是自学的内在机制之首要；四是合作，实质的合作产生探究的可能。

35
以"战略思维"看待孩子撒谎

所谓"战略思维",实际上是界外之法,就是与事物本身拉开距离,站在高处、远处,才能把握来龙去脉、缘起缘灭,把握时机要害、转换契机。

教育,也需要战略思维,即"跳出来"和"等时机"。即使你已经想明白了,也不急着以言语加以干预,而是静观事物运动方向,然后找到最好的切入点,猝然不惊,不动声色。

孩子撒谎一般有三大原因:一是说真话受到惩罚,二是为了逃脱困境,三是把想象中的事当真事说了出来。因此,只有让说真话的孩子受到鼓励,而让说假话的孩子受到惩罚,并持之以恒。

36
答案，往往就在问题背面

当我们问：怎样才"能"？

这个问题的答案，往往就在它的背面，即什么叫作"能"？

举一个例子：怎样才能"发财"？其答案就在它的背面，即什么叫作"发财"？

德国经济学家威廉·罗雪儿讲：所谓财，是指一切可以满足人类欲望和需要的东西。这一概念是相对的，随着文化的发展，财的范畴自然扩大。那么，"发财"就是去深入研究人性，去研究人的不同层次的欲望、需要，然后去满足他们，从而不断发展财源。也就是说，要"发财"，老守着一片天地不行，而要找到新的财源。

教育上，怎样才"能"？答案就是：什么叫作"能"。

37

大处着眼，小处着手；群居守口，独居守心

一、大处着眼，小处着手。

这里讲的是战略性与实践性的统一。所谓战略性，就是系统地看问题，站在高处看问题，这需要"大处着眼"，"做正确的事"。战略性，就像一只老鹰在空中盘旋，一下子能发现藏匿于草丛中的野兔。而实践性，就是要有可行性和可操作性，做事先找到抓手，制订步骤和计划，路，一步一步走；饭，一口一口吃。

二、群居守口，独居守心。

群居守口，即"慎言"。在与人相处时，最重要的是不言是非，不传绯闻，不言人恶，见贤思齐，尝试着闭着嘴说话，用心去感应他人、倾听这个世界。独居守心。心是根，人只有在独处时，才能把心逼向深处去生长。这样，心性便生长了，理性也生长了，从而走向一种自觉。

38
有德者必有言，有言者不必有德

孔子说："有德者必有言，有言者不必有德。"(《论语·宪问》)

高拱在《日进直讲·论语直讲》中说："德可以兼言，言不可以兼德。"德是内，言是外，内心和顺，思路清晰，必能流露出人人爱听的言辞；反过来，有许多人背了很多的道理句子，包括圣人的话，说出来头头是道，但可能自己都不信，更不用说践行之。他的"说"，纯为说服别人，怀有影响他人看法和行为之私心，实则自欺欺人。

有德者，不仅能说，而且爱说，但说之前，一定先问自己两个问题：一是"这话，我自己信吗"；二是"这话，我自己愿意照着做吗"。

39
君子必贵其言

君子不轻易说话,每句话、每个字,都很实,都有依据,都有所指,都很有用,不讲空话、大话、套话、假话。

关于必贵其言:

一、不去试图说服别人。人虽然无法被说服,但可以被"说动。"人一感动,别人的话就听进去了。所以我们经常说,讲十个道理,不如哭一次、流一次泪。

二、不要说自己都不信的话。其实,许多人每天都在说自己都不信的话,先欺己,后欺人,而不自知。别人听多了、习惯了,你再说话,他们就不会太当回事了。

三、君子不辩。真正高水平的人,一看别人要跟你辩论,马上就不说了。既然说不到一块儿,还去争胜负,你就低了。

四、不轻易打断别人。对于不同的看法不反感,反而保持好奇,至少给我们提供了一个新的角度。

40
提炼语言

教育的表达，除了凿字、凿词，还需要凿句子，就是提炼出自己独有的好句子。人一生至少要有几百个句子是凿过的、磨过的、用身体焐热过的，才能有很好的流露。不然，端起酒来敬酒，只有一句话："话都在酒里了。"有德者必有言，"词穷"，还真是一个大问题。

蒙田有一个提炼好句子的方法：兜里永远有一支笔、一个笔记本或几张纸片，平时有了灵感或想法，马上记下来，等有独处的时间了，拿出来推敲、改善、修订。伟大的《蒙田随笔》就是这样出来的，字字珠玑，语不惊人誓不休。

其实，这也不仅仅是教育的事。

41
把学生带入开阔明亮的空间

明亮，是教育上一个很重要的词语。

所谓"明亮"，即明心见性。心是亮着的人，能听到言外之意、话外之音，能看到更远的东西，内心是清晰的、辽阔的、柔软的。因为明亮，与老师、父母总是心领神会，学什么都能学好，做什么都能做到高处。

而如果一个人的内心被别的东西打扰，只关注自己的痛苦，甚至掩盖自己、封闭自己，心里被"局"住了，人便无法驾驭自己，吃饭也不香，喝茶是苦的，睡觉不安稳，学习无动力，对人无礼数，那就是一个"浑人"。

理想的教育，应当是把学生带到一个开阔明亮的空间里去。这就需要用理想与使命牵引他们，引领他们一级一级往道心层面上走，到了一定高度，明心见性，了然于胸。

42
分得开，连得上，才是真懂

有的教师和家长常常无可奈何地说："我明明讲得很清楚，可学生还是说不懂！"他们的结论是：学生太笨！其实，这只说明我们还不知道什么叫"懂"。

清楚和懂，是两码事。清楚是"分得开"，懂是"连得上"。讲得很清楚，为什么学生还不懂？就是你仅仅把事理"分开了"，但还没"连上"，没把你所分开的东西，与学生已知的、熟悉的、可接受的东西联结起来，联系在一起。

43
知道和做到，中间隔着"守"字

守得住是能够权变、拓展、创新的前提。

坚守的力量，来自信。信是因，守是果，很多时候，我们不信，是因为没有证见到，也就守不住。

读很多书，其实不如和一位德行厚重的长者喝一次茶，因为，我们需要看见有人把义理和德行活出来以后的自在和自由。看见了这种存在，信心就升起来了，守，就变得很自然。

首先，守住自知之明。知道自己是谁，自己是做什么的，始终站在自己的角色里说话、做事。

其次，守住良知。良知良能，人人皆有。遇事问自己的良知，问自己日益积蓄的仁、义、礼、智，问自己是否尽心、是否无愧。

再次，守住经验。真正投入过的人，一定会有心路的历程和痕迹，也会在反思中积累自己的经验。把这些东西用纸用笔记录下来，时常温习，人一定是在自己的经验中变得有力的。

最后，守住常识。《礼记·大学》讲："物有本末，事有终始，知所先后，则近道矣。"这句话告诉我们一个重要的常识：本末，终始，先后。这三点间的关系决定了一个人的认识论、价值观和方法论。比如，耕耘在先，收获在后，问收获是问不来的，只能问耕耘，而至于最终结果如何，都能接受。

44
鱼烤焦了，不是火大而是心急

浮躁是我们这一代中国人的一种集体无意识，而且会传染，人一旦染上这种"病"，不好治。

《现代汉语词典》（第7版）中对"浮躁"的解释是："轻浮急躁。"举一个例子，什么是坏人？某种意义上说，坏人就是浮躁之人。这样的人，走近三个月大的婴儿，婴儿都会哭，因为婴儿能立即捕捉到他身上的浮躁、焦躁、躁进。

教育过程中，老师的镜子是学生，家长的镜子是孩子。比如，他们身上呈现出的浮躁、功利、厌倦、迷茫，其实正是他们内心渴望的宁静、神圣、喜悦、清晰，我们没有给到。教育之光，就在于我们将他们所渴望得到的宁静、神圣、喜悦、清晰，活出来，教育便回归了本真。

45
培养"认真"

对于孩子来说,浮躁的原因是,人会"心随境转",心不能定在一个地方,一旦有什么吸引人的事情发生,人们的注意力就马上跟着走了。

对于孩子来说,浮躁是学习不理想的根本原因。

上课一听就懂,其实没有真懂。上课的时候,老师问"懂了吗?"学生往往会随波逐流、异口同声地喊"懂了",老师都是被学生这样欺骗着过日子的。真相是,一旦自己认为自己懂了,不管是不是真的懂了,学习的过程就终止了。

看书一看就会,其实没有真会。很多学生在看书的时候,往往如蜻蜓点水,轻描淡写翻几页就算是看过了,无法深入地看书。

题目拿来就做,没看清条件就做。学生很多时候看到题目,没有仔细审题,而是急于动手,等到题目做错了,才恍然大悟:有个条件没看清楚。

做完题就上交,没检查好就上交。很多学生总是急匆匆地把题目做完就交上去了,不检查就上交是浮躁最典型的表现之一。如果不彻底解决,学习永远不会好。

发现题目做错了,以为粗心。粗心,本质上是一个借口,其实就是不会。我们很多时候，学生总是喜欢找借口，找一个借口就烂一条根。

在教育实践上，克服或者化解浮躁的解决方案是：培养认真的能力。认真是一种可以通过强化而习得的能力，而认真的能力，对于学生来说，就是"一次性把一个题目做到满分"。

46
精力分为体力与心力

对于普通人来说，体力决定心力，体力下降了，心力也就下降了。而对于树立了大目标或者心中有大爱的人来说，心力却可以决定体力，心力强大，则体力强大。教育的任务是体力与心力两手抓、两手硬，既要注重学生体力的锻炼与养成，又要通过输送精神能量到其内心，以维护其心力，使之更加坚强有力。

梁启超的"发达本能"之观念，至今具有强大的生命力。他说，山中有鱼，其目皆盲，以其视觉学习而不用故也。因而需尽人之性，即充分发达其本能，包括：锻炼身体，壮其每一部位器官之功能；锻炼意志，能行愿而十不得九，皆因中途吃苦不住；锻炼脑筋，精神愈励愈出。

47
涵养强大的心力

心力，往往来自人内心道德与心理能量的长期积蓄。

学习、做事，要有好的精力，而精力由体力和心力组成，但主要靠持久、不息的心力。

心力，就是背后的一种能量，与年龄无关。保持心力，则可做到终身的"居之无倦，行之以忠"。

挖掘心力的五个源泉：一是有志于学；二是对自己一定要有要求，哪怕低一点；三是坚持自我更新；四是充分地把自身的价值发挥出来；五是利他。

任何一项事业背后，必须存在着一种无形的精神力量。每个人都需要有一种类似于信仰的东西，蓄养于心。而教育者一个重要的人生价值是利他，即"己欲立而立人，己欲达而达人"（《论语·雍也》）。这说的是，人要站得稳、要行得通，关键是"利他"二字。

48
知礼，就是知道站在哪儿

礼，是人与人之间的距离。知礼，即清晰自己的站位，知道在他人面前自己的定位。有礼，是因为有理。

学生执弟子礼，是因为知道自己应处于学生的位置，时时刻刻把老师放在师尊的位置上，心中做到恭、敬、忠、信，形式上呈现出来的就是礼仪。

进一步说，礼，应藏于心而形于表。首先，心里随时装有别人；其次，明确自己的站位、定位。

"归位"则"知礼"，"知礼"则"人立"，而人和人之间最舒服的距离是：

一、彼此安心。关系之间一旦有了恐惧，就必然会引发冲突与限制。好的关系是让彼此安心的。修己以敬，修己以安人，是建立关系的两个基本原则。

二、收敛自我。好的关系，内核是真爱。真爱，就是真的在乎对方，因为在乎对方，所以会自觉地收敛自己的任性与随意，也会因为照顾对方而感到欣喜与满足。

三、久而敬之。"礼"的含义是距离。人与人之间，保持一个适当的距离或空间，万一有了冲突与矛盾，就有了化换的可能。越是亲近的关系，比如亲子之间、夫妻之间、朋友之间，越需要一种礼数。这是敬畏化于日常的一种呈现。

49
"礼"是照见自己的镜子

礼，是一个人内心的秩序。内在秩序感强的人，能够不自觉改善其周围的人文环境；内在秩序感弱的人，很容易被外在环境所干预，甚至会破坏环境。

礼，也是照见自己的一面镜子，看到自己内心之所守，看见自己言行之所动，用言谈举止来诠释自我的信心。行走在礼中的人，是有分量的。这是一个人清晰了定位之后的自重。这种自重是一种喜悦、一分德行。

向人行礼，是敢于面对真实的自己。比如，晚辈向长辈行礼，就是晚辈用一种姿态在长辈面前定位自己；弟子向师父行礼，便可以在师父的祝福和托举中看见自己的未来。

礼多了，就是德。

礼是一种热情。这种热情让人感受到我们自己存在的价值，也是提升自己生活品质的阶梯。对不同的人施以不同的礼，这本身就是对平淡的决绝、对自己生命的再创作。这样的人生一定不俗。

在实践上,礼,就是"让",让功,让名,让利,让权,与之保持一定的距离,就有礼了;反之,一见好的东西就想占为己有,往家里搬,就无礼了。无礼之人,心是乱的,心一乱,他的整个世界就乱了。

50
越熟悉,越要以礼相待

"善与人交,久而敬之。"(《论语·公冶长》)这意思是,不管和人认识多久、多么熟悉,对对方始终保持尊敬。

我们和人交往,起初都能相敬,"混熟了"之后,就变得狎昵、怠忽,"咱俩谁跟谁呀",尤其一喝酒,就开始"兄弟来兄弟去",一狎一怠,必生嫌隙,甚至还会闯祸。

真正的朋友之间,不是需要对方、利用对方,而是去欣赏对方,是在灵魂层面上的相互支撑、相互托举、相互温暖,始终以礼相待。

51
行孝，是成全自己

孝敬父母，是礼在日常中的一种重要实践。

谁让我们成人？是父母。我们去孝敬父母，才能理解人的不易和伟大。关键不是知孝，而是行孝，孝是行动而不是认识。

孝，不是成全父母，是成全自己。但，孝这个字，实践起来，并不容易。只是知道孝这个说法，并不是真知道。做到了多少，你就知道多少；没做到的，你还是不知道，这叫知行合一。

孝，有一个最低标准，也有一个最高标准，做到了，便是真的孝。

最低标准是什么？孔子说："父母唯其疾之忧。"你别问能为父母做什么，能做到不让父母为你操心，就是孝，但生病难免。除了生病，其他的，比如找工作、找对象、找房子，如果这些不用父母操心，更不用担心你学坏，对你一百个放心，这就是孝。

最高标准是什么？还是孔子的两个字："色难。"(《论语·为政》)

最难的是，任何时候都对父母都保持和颜悦色。《礼记·祭义》有言："孝子之有深爱者必有和气，有和气者必有愉色，有愉色者必有婉容。"没有一丝一念的厌烦，永远不会给父母脸色看，这个最难，所以是最高标准。

52
生命皆是感召

"德不孤,必有邻。"(《论语·里仁》)有德之人,必不会孤单,一定有人来亲近他。有德之人,也容易得到周围人的重视、关注、鼓舞、托举,从而为自己赢得了更大的空间。

你有德在身,你释放的是平静、从容、自信、喜悦,你收到的也是这些好的东西。如果你德行不够厚重,释放的是浮躁、焦虑、自私、无礼,你收到的也是这些负面的东西。

你是什么人,你周围就会有什么样的人;物也是会找人的,即使一时擦肩而过,最终也还会与你重聚;而你所处的环境则本身就是你内心的一种投影。

一切皆是感召,不可须臾或缺。我们的遇见,都是我们生命的组成部分,都需要我们面对。

只有内心渴望的事情,才有可能实现。内心渴望,其实有大小之分:大者为大愿,为生民,为万世;而小者为小愿,来自内心的呼唤,一点点积累,到了一定程度后,呼之欲出,不意间翩然而至。

53
答案在行动中

"力行近仁",就是"五到"。

一、身到。要亲身历事。

二、心到。对事情要用心揣摩、苦心剖析,力求获得透彻的理解。心到哪个层面,你的认识就到哪个层面。

三、眼到。要认真看,看人、看物、看细节、看微妙。关键是练眼力、练眼光。

四、手到。要勤动手。人类的解放就是从解放双手开始,用手做、用手记,没有什么做不好的;但手一闲,就开始胡思乱想。

五、口到。记得时时沟通,不断确认,不厌其烦。

54
稳中有进

稳，不是求胜，而是求不败、永远不败。不败的意识优于求胜的意识，在此基础上的进，就是实实在在的进。

稳中有进，可以说是中国智慧的集大成者。

一、狠抓基本面。把90%的功夫放在基本面上，一门心思把自己搞得很强大，不战而屈人之兵。所谓的胜利，是对方出错了，自己打败了自己，而不是被我们打败的。

二、制订稳妥的计划，沿梯而进。每一步都做到位。最高的效率是不返工、不退步。

三、切实的手段，忠实地执行。强调实践性、系统性、过程性的统一。受西方文化影响，我们常常把稳进精神与创新探索精神对立起来，并把后者等同于钻营投机精神，其实大错特错。

吕坤讲："事到手且莫急，便要缓缓想"，"处天下事只消得'安详'二字"(《呻吟语·应物》)。"安详"二字，这并不容易求证到，我们倒是更愿意把握住"稳"字：有才而性缓，定为大才；有智而气和，斯为大智。

55
清气满乾坤

"清",是中国文化的根本精神之一,中国人自古以来追求"清气满乾坤"的社会理想,推崇清者自清、浊者自浊的个体精神世界。这也被引进到中国的吏治文化中。老百姓也有"清官"情结,对于包拯、海瑞等清官的故事,总是津津乐道。

对于"清"字,儒、释、道均在强调、深化。教育的世界,是清气满乾坤的世界。

"清晰",我们的内心整理过之后,看见的一切都是美的、积极的。每天活在这样的世界里的人,是清晰的。一个清晰的人,站在任何地方,周围人都会受到影响,也会变得清晰起来,知道要到哪里去、怎么去,如何保持合适的距离,应该站在什么位置。

"清净","清"是解脱,是化有为无;"净"是看开,看开是为了打通心路。一个人的清净,背后是良好的内心秩序,这时他是美的,让人没有理由地、不知不觉地受到感染,也会呈现出方向感。

"清凉","清"是归零,"凉"是因为心在高处,所以视野开阔、思维开放。弘一法师有一幅著名的书法作品——《无上清凉》。

56
在没有人的地方，依然保持警醒

《中庸》有言：

> 是故君子戒慎乎其所不睹，恐惧乎其所不闻。莫见乎隐，莫显乎微，故君子慎其独也。

不睹，是没有人看见的地方；不闻，是没有人听到的时候。在没有人见到的地方、没有人听到的时候，要保持警醒，不可放肆，慎言慎行，人前人后一个样。

见，就是现；隐，是忽明忽暗之处；微，是细微之处，就是在人所不知而己独知的地方，慎独自处。

57
一勤治百病

勤就是心立起来了。如果一个人的心是立着的,"明觉精微",心眼是打开的,人站在那里,很精神、很美,人自己也很享受。

勤,可以把人的神性的一面逼出来,所以,劳动解放了人、发展了人的生命价值,也促进了人类的进化。

勤的敌人是懒,懒惰、怠慢本身不可怕,可怕是懒惰、怠慢背后消耗人生命的东西:一是散,心情上散漫,人就容易犯困,一犯困,心就躺下了,管它三七二十一,"寒风冻死我,明天就垒窝",日复一日,人生便渐渐消沉;二是乱,心思迷乱、粗糙,定位不清,不知道要到哪里去、怎么去。

懒,不好治。懒人的背后有一根"懒筋",非得抽掉才行,很多时候,抽掉了,又再长出来,难以断根。在实践上,就是养成"勤"的习惯,用有机的目标体系来推动或引领。

孔子讲:"朽木不可雕也,粪土之墙不可圬也。"(《论语·公冶长》)

要客观地看到,"懒"这种病的治愈率很低。

患了懒病的"下愚之人",不学习、不勤奋、不上进。孟子也讲,对于"下愚之人",不教,不教也是一种教。"愚"不可怕,"下愚"就可怕了。

58
智慧,在痛处开花

人生不全是幸福和喜悦,还有痛苦和艰难。

痛苦,意味着人是活着的;痛苦,让我们开启了对自我的追问,以及对文化的诉求。可以说,我们每个人所经历的痛苦,都是内心迈向高处的台阶。

智慧,在痛苦中开花。当我们处于多难之际,正是深思熟虑、通达智慧之际。有痛苦,自己化了,化为了超越和解脱。也可以说,痛苦和艰难是对我们心性的弥补,感觉痛苦和艰难,是因为我们不具备化解它的能力,所以上天给我们以启迪。

作为教师和父母,当自己身处痛苦时,依然笑着面对,就是最好的教育。反之,我们的唉声叹气或垂头丧气,正是导致孩子迷失和沉沦的心灵雾霾。

59
教育是因形就势的事情

形势，分为"形"和"势"。

"形"是总体的规划、精确的计算，我们胜算有多大，这是算出来的，算清楚了的就做，算不清楚的别做，这是前提。然后是"势"，凡事求之于"势"，"势"是"形"的落脚点。比如，很多包围战，往往都要留一面给敌人逃跑，不给对方殊死搏斗的势，而给对方逃命的势，这样，敌人才不会跟你拼命，不至于杀敌一千自伤八百。而如能在对方逃跑的路上埋伏一支预备队，把对方歼灭，此为因形就势的效果。

教育上的因形就势，就是因孩子外在的表现以及就孩子内在的心理趋势，随时做出调整，实现因势利导、顺势而为。

60
心意是有局限的

符合心意的就是美好的，不符合心意的就是不美好的，但是，我们的心意是有局限的，不能活在自己的局限里。

人的心意有四个局限。

"意"，就是臆测心，主观臆断，只选择符合自己立场和情绪的部分，就完成判断。殊不知，这个世界是由自己未知的东西决定的，"知己无知"，是一剂化解良药。

"必"，就是期必心，认为事情一定也必须怎样，如果不符合自己的期望，没有达到预期，自己就怨气腾腾，愤懑不平，不能接受。化解这个痛点：一是用之则行，舍之则藏；二是接受失败，学会认输；三是对他人零期待，人都是孤独的，得学会独立，才能爱别人。

"固"，就是固执心，期必是心态上不能接受，固执则是落实在行动上，非要按照自己的意志办。固执的人，大家都是敬而远之的，他自己不知道。健康的人，无可无不可，居仁由义，该怎样就怎样，能把自己交给别人。

"我"，就是自我心，只想着自己，不在乎别人的感受，考虑问题，就两个原则，一是如何达到自己的目的，二是怎样才有利于自己。

所谓对人的尊重，应当是牺牲自己的标准的尊重，这种尊重，对别人所产生的托举力量就很大。

61
人心之贵，贵在能宽

人的高贵在于"能宽"。所谓"能宽"，当别人误解你、诽谤你甚至仇恨你时，你仍然能拿出仁德之心，去面对对方，以呈现对方的美德。

"能宽"，是一颗慈悲之心，是人的境界与格局。

一般而言，一个有机的组织内必然会有四种人：上进而又有办法的人，上进但没办法的人，有办法但不上进的人，不上进又没办法的人。有智慧的领导者"能宽"，面对以上四种人，处之以适位，至少让人有饭吃。这就好像一把红缨枪，最好的当然是枪头（上进又有办法者），但如果只有枪头，没有看似碍手碍脚的枪把（不上进又没有办法者），那么你就只是匕首，是匹夫之勇，就不是一个系统、一个团队了。

王阳明家训中，有这么一条："能下人，是有志。能容人，是大器。"（《王文成公全书》）

"能下人"，就是对比自己地位或者才能低的人，不会看不起，更不会盛气凌人。有两层含义：一是今天不如你的人，明天未必不如你；二是有大志向的人，有一种超然的目光，不至于看不起任何人。

"能容人"，自己的心灵空间和器量就会越来越大，就装得下更多的见识、才华、财富。

62
包容不了缺点，培养不了优势

包容，很好理解，我们都知道理解和包容的重要性，但不知道理解和包容别人，而且，似乎我们的包容里都隐含着"利用"的前提。

其实，人和人之间，没有包容心，就会只剩下冲突。而在教育上，包容不了缺点就培养不了优势。

包容是什么呢？

一、容纳开放。"容"，是器量，是容得下更多的人，容得下更多的事，"大其心容天下之物"。

二、以文化之。"容"，与"融化"的"融"是一个意思。这就是说，来了不好的东西，我们都能化掉，是为文化。

三、容止可观。"容"，是形、色、气在内心里的贯通，表现在脸上，是为笑容、面容、容颜，也就是我们平常说的"相貌"。

四、从容优雅。"从"，就是跟从。容是一个情境和环境，如果你带着包容之心，看什么都是美的、善的，这样，你就能得到美和善的滋养；反之，看到的都是丑和恶，人就容易纠结甚至陷于麻烦之中。

63
智慧的教育，是要感恩

人世间有很多恩怨，如感情纠葛，或者利益之争。

关于感情纠葛，需认识到：人都是孤独的，自己靠自己活，独立起来，然后才能去爱人。另外，关于情感的学问，本质上都是示弱的学问。学会示弱，而不是依赖"道理"，在情感问题上讲道理，就是抬杠。

关于利益之争，真正的强者，每天想的是老老实实、充满敬意地做好手头上的每一件事情，而最后是什么结果，都能心平气和地接受。而弱者呢，总想着破格获取、抄近路、"弯道超车"，有时可能也会侥幸获得成功，但因为接不住最后都会还回去。

有智慧的教育，总是站在感恩的世界里，但不苛求报恩，在这两者之间立足，就不会纠结，一切都是水到渠成。

64
嘴巴的品质是靠耳朵培养的

任何生命的美好与壮观，皆因其内在存在一种秩序。理解了这种秩序，可以说"你懂了"，而只是听其声而不闻其音，均未真懂，或者只知其一不知其二。

倾听是人的第一素质。会说能说的人很多，会听的人却少之又少。而事实上，善于倾听的人，说话的质量一定很高，不用说太多，便能说到人心里去。嘴巴的品质与档次是耳朵培养出来的。

听话听音，听到的是对方的话外之音，你与之神会，心领神会、心灵感通，这是人和人之间最高级的沟通。学生听课，最重要的也是与老师心领神会，这样才算真正有收获。

65
兴趣是人生的"方向盘"

教育如果没有情感，就像池塘里没有水，鱼便活不下去。

但情感绝非只是我们说的"爱"这一个字。从实践层面上看，人的情感至少可分为兴趣、热爱、酷爱、痴迷四个层面。其起点是兴趣。

兴趣对人知识的增长、智能的提高、情感的调动、品格的形成、潜能的发挥，乃至成长、成功、成材等都起着巨大的作用。从社会角度来看，兴趣是爱学、会学的重要基础，是终身学习的人必不可少的重要素质。

激发一个人的兴趣，要从感官训练开始，培养五种感官丰富的感受，调动视觉、听觉、触觉、嗅觉、味觉，达到一种美感与快感的平衡，心灵才可能毫不羞怯地绽放。人的真兴趣由此发生，进而逐渐升级，如可以达到"痴迷"的层面，则可实现"不教而教"。

66
除杂草的好办法是种大树

人的心灵就是一片田野，上面不可避免会有杂草。如何清除杂草？通常的方法如火烧、拔除、割掉等，来年春风吹又生。最好的方法是种植一棵大树，树长大了，下面的杂草因为阳光被大树遮蔽，自然就边缘化了。

67
教育是平衡的艺术

"执两用中"，这个"两"，就是对，成双成对，左右、上下、阴阳是也，抓住这个概念，明确、清晰出两端的界限，然后取一个动态中的平衡点，即可使生命处于良好的状态，使事情朝着好的方向走。

教育，本来就是一种平衡的艺术，平衡的点，就是从最坏的一端出发，向着最好一端出发，这个过程中的节点，就是平衡的点。它不是固定的，而是动态的。

68
没有抓手，一切等于零

抓手，意味着将事情的可行性、策略性、操作性融为一体。决定要做什么时，先要找到抓手，否则可以果断地放弃。

柳斌同志于20世纪90年代提出，素质教育的抓手其实就是习惯。这句话如今看来仍然熠熠生辉。

叶圣陶先生要求孩子：走路的脚步要放轻，关门的声音要放轻，放东西的声音要轻，为的是不影响别人。叶圣陶先生最重要的教育思想就是：教育就是培养习惯。如果一个人的命运是"果"，那么"因"就是习惯，习惯决定了一个人的命运。

命运并非偶然，它就藏在人的性格中，而性格的形成，主要是后天习惯的累积。习惯决定性格，性格决定命运。

习惯，是存在神经系统内的道德资本。养成了好习惯，一辈子用不完它的利息；而养成了坏习惯，一辈子偿还不了它的债务。

69
养鱼养水，养树养根，养人养心

养成教育，是中国本土的、原创的教育。它有根，孔子、孟子、荀子、朱熹、王阳明，可以说都是养成教育的祖师爷。

养成教育也是党中央、国务院早年确定的教育方略之一，尤其在青少年德育方面，一直在起着关键作用。可以说，一切的教育，说到底，都是德育。只要把德育做好了，其他的自然就会好。

养成教育的过程，大致分四个阶段。

第一阶段：幼儿养性。零岁到三岁，心无分别，尘垢未染，真如湛然，心如明镜。这个阶段，最重要的是通过正向引导与激励，怡养本性。

第二阶段：童蒙养正。三岁至十三岁，物欲微熏，烦恼潜伏，知识略萌，性德仍净，记性犹强，悟性微弱。这个阶段，蕴养正见，最要紧。

第三阶段：少年养志。十三岁至十八岁，知识渐开，物欲既染，心逸情泳，性向显发，悟性增强。这个阶段，启养心志，是核心任务。

第四阶段：成人养德。十八岁之后，开始一辈子的修行，格物致知，诚意正心，修身、齐家、治国、平天下，养德，无有终时。

70
用喜欢的方式做喜欢的事情

用自己喜欢的方式做自己喜欢做的事情，反复小成功，渐渐地养成了习惯。这种习惯会积淀为一种自信的性格，性格决定命运。

一个人的好习惯多了，内心秩序就渐渐稳定了，然后就会影响人的认识论、价值观、方法论，从而构成人的一生。

71
人的内在动力系统

理想是深埋在黑暗中的火种，唯有理想帮助人可以穿透一切世俗与无奈。人，没有大理想，就没有气势；没有中理想，就没有秩序；没有小理想，就不勤快。

人的内在动力分三个层次，呈阶梯状态存在。不管是做事，还是学生学习，其兴趣和热爱乃至激情通常来自生活理想、职业理想、社会理想。

首先是生活理想。比如物质上的理想，当一个人强烈地感受饥寒交迫的时候，会感觉到对物质最强烈也是最真实的渴望。还有对爱情的要求，当一个人爱上另一个人后，就是"上刀山，下火海"，即使"海枯石烂""粉身碎骨"，也"在所不惜"，爱情的动力能让人充满激情与热爱。生活理想不足容易腐蚀人，使人沉迷。

其次是职业理想。一个人确定职业理想以后，有再大的困难人也会试图克服，并且不容易放弃，也不容易被其他因素所诱惑。职业理想的不足是有可能影响人全面综合发展的。

最后是社会理想。这是一个人的抱负。生命的秘密就在于，在年轻的时候就要确认自己必须完成的一个任务，一个在你有生之年需要用全部时间和身心去完成的任务，而且最重要的是，这必须是一个你无法轻松实现的任务。社会理想的不足是有可能被政治或权势所利用的。

72
化育，是一生的学问

把祖先、圣哲传下来的不多的真骨血，化在自己身体里、血液里，是为"内化"。

接收的知识、信息多了，化不掉，就会渐渐沉积在大脑里，变为大脑里的脂肪，让人变得愚蠢，一身书呆子气。所以要学会感悟，学会打通，直至知行一体，是为"悟化"。

眼前是一座山，本来是障碍，不动声色之间，"化"成一条行得通的路，此为"点化"。

人心里有那么多的纠结、痛苦，以及恐惧、焦虑、悲伤等等，要去拿过来化掉，用什么来化？用文来化，是为"文化"。

坚定地走到教育一线去，现场、现物、现实，充分调动五感——视、听、触、味、嗅，化为对事情高级的认知、规律的把握，是为"感化"，因感而化。

73
上课、讲话、表达，都需要美化

"美化"，主要体现在八个字，即八种美感上。

一、"神"。新颖独到，出人意料。别人从来没想到。

二、"气"。潇洒超脱，气派宏大，善于开拓时间和空间，取舍自如。

三、"韵"。讲话时，起伏收放，节奏和谐，充满回旋感。

四、"味"。有趣，耐人寻味，有声有色，善于比方，引人入胜。

五、"尖"。力量集中，在某个点上直切人心，带有刺激性，引人深思。

六、"准"。讲话时，能抓住事物真谛、关键，画龙点睛或精准点拨。

七、"透"。深刻透彻、入木三分、深入浅出，让人心里暗暗叫好，也就是善于发现隐含的真理。

八、"活"。看问题、说明问题的角度灵活多变，连点成线，自成体系。

上课、说话、表达，都需要美化，美化的背后是一个人思考的质量，是教育的基本功。

74
协助人建立内洽机制

教育在每个孩子心里种下两颗种子，一颗种子是"自主"，另外一颗种子就是"自律"。然后用爱去浇灌，让它们生根、发芽、开花和结果。这就像汽车，自主是发动机，自律是刹车。驾驭自如的意思是，在两者之间随心所欲。

"自主"，即"放"，人的自主精神长出来了，又没有被人为地控制和压抑，人就会充满激情，动力十足，富有创造力，做什么都可以做好。

"自律"，即"收"，就是自我控制，就是"克己"，看一个人有没有厚度，也是看人在关键的时候能不能收得住。

"自主"和"自律"，就像高铁的两轨，将人载向更远的地方，平静自如，收放不滞。

75
放到极致，才懂得收

对于父母或教师而言，关键是学会放。放到极致后，孩子才会渐渐懂得收。收是孩子自己的事情，是自觉之后的一种自然而然。如果逼孩子收，不仅收不住，反而把孩子逼到了自己的对立面。

比如，玩的问题，让孩子彻底玩，玩透了，孩子自己就会收。如果孩子没有玩透，你让人收，人家根本不知道边界何在，反而很难养成自律的习惯。

"收"与"放"之间，考验的是教育者的教育定力。

76
勇敢地走向未来的自己

人的意志力的精神内核是"勇"，勇者无惧，比如"狭路相逢勇者胜"，"敢于亮剑，即便不是敌人的对手，死又何惜"。

"勇者无惧"的"勇"，至少要从四个层次去参悟、去践行：

一、守住底端;二、善养正气;三、守死善道;四、果断、勇敢地走向理想的、未来的自己。

77
一天不学习,就会停止发展

人之所以要学习,是因为顺应天道,对接天地间的能量,实现天、地、人的并立,重点是:天人合一。

《周易》讲:"天行健,君子以自强不息。""地势坤,君子以厚德载物。"可以说,这是中国文化的源头,它揭示了天道所向。

自然万物,之所以生生不息、刚强劲健,乃因为它是运动的、变化的。上午我们看到的这棵树,到了下午其实已经是另外一棵树了。

相应于此,君子也应该顺应这种天道,时时刻刻通过学习,适应天地万物的运动和变化,主动积极,不断自我更新,这是一种天命、宿命。人要是一天不学习,这一天,生命就没有发展,时间久了,就可能会被上天淘汰。

78
天资好的人很多，真正好学的人却很少

天下聪明人太多了，但真正好学的人却很少。

好学有四个标准。

一、志有定向。抓住一个问题十年不放，下足笨功夫。这对于聪明人来说，很难做到，因为他们很容易被所谓"机会"牵引，心也就被它们带走了，定不住。

二、日日不断之功。好学的标准之一就是"日日不断之功"。好学，本质上是一个习惯，养成了，也就能坚持了。

三、温故而知新。不要老想着学"新东西"，"老"的没有学通、学透，"新"的你也学不会。温故而知新，就是对于"老"的东西、自己信服的东西，哪怕是一句话，在不同阶段，结合具体事情，会不断有新的收获。

四、知行合一。学习，关键是事上磨，切己体察，把学到的东西，一条一条用身体焐热。读书不是学的首要内容，"行有余力，则以学文"，读书只是为了印证或者补充。

79
学习的本质是自我更新

学习的本质,是坚持不断自我更新。每天都有新的收获、提高,并且保持住,每天迎接一个崭新的自我。

为什么要学习?是由天道所要求的,这个天道就是"自强不息,厚德载物"。意思是,只有不断学习,才能适应时时刻刻的宇宙天地之变化,才能不断累积德行厚度,从而对接先哲圣贤的能量与信息,最终实现生命价值。

人的自我更新,就像知了蜕壳、蛇蜕皮,人也一样需要不断蜕壳、不断蜕皮,从而获得新生。只是在心里,一次次自我更新,一次次地从量变到质变,这是学习的本质。

80
学习不是狩猎采集，而是耕耘栽培

很多人都有"知识焦虑症"，总担心落后于时代，到处去学，怕自己落伍了。可是，他们虽一直在学，但总感觉没有长进。这有以下三种原因。

一、碎片化。学习最大的病是学得太多，碎片化，到处学，尤其现在手机上的信息太多，天天浏览，但都站在门外看，回到家里，依然两手空空，一点儿也没有学到手。其实，学习的秘诀不是学，而是不学，不是感觉有用就学，而是可不学的坚决不学，才能集中整块时间学习真正要学的。

二、缺乏体系。关于体系，比如种树，开始种树时，只管耕耘栽培，不去想树枝、叶子、开花、结果的事。体系不是设计出来的，而是只管好树的根部，养树养根，根养好了，枝叶花果会长出来，体系自成。所以建立体系的方法，回到根部，回到本源，然后如孟子所说的"盈科而后进"，所到之处，一个一个水洼填满，不断推进，最终形成江河湖海。

三、缺乏行动。学习的"最后一米"，就是行动。学习如果没有到这"最后一米"，就是没有"到位"，等于没有学。我们总是想得太多了，岂不知学习最重要的是"笃信"，就是"少动脑，多动手"，先"照着做"，之后"接着做"，这样才能学到手。

81
古之学者为己,今之学者为人

《荀子·劝学》里讲:

> 小人之学也,入乎耳,出乎口。口耳之间则四寸耳,曷足以美七尺之躯哉?

这就是"口耳之学"的出处。入之于耳,马上出之于口,急着说给别人听,根本没有走心,也没使之通过你身体的每个部位,这就叫"道听而途说",是"德之弃"也。

《墨子·耕柱》讲:

> 古之学者得一善言,附于其身;今之学者得一善言,务以说人。

这也是"为己之学"和"为人之学"的区别。真正的学习是,得一善言,默记于心,在事上磨,时时会有不同的收获。

82
建立独立自主的学习系统

人的学习，需要建立一个独立自主的操作体系，这就是《中庸》所说的：博学，审问，慎思，明辨，笃行。

"博学"，并非掌握更多的知识，而是明白更多事理。明事理是一种智慧，是动态的，是一种发现、掌握、运用知识的能力。

"审问"，"审问自己"，不是去挑别人的不足或者讲得不好的地方，而是多问自己究竟有什么收获，吸收到了什么。

"慎思"，认真思考，但绝不是想得太多，反而要想得少一些，想两次就行，想三次就多了。

"明辨"，与"慎思"联系在一起，"慎思"之后，就知道哪些该做、哪些不该做，关键是知道"有所不为"。

"笃行"，身体力行，一条条去践行出来。可以说，中国传统文化的逻辑就是实践性逻辑，"践行"一句，胜过"知道"一万句，一句顶一万句。

83
一以贯之，凡事彻底

学问之道，贵在一以贯之。

一是融会贯通。学到极致，便可融会贯通，所有的道理，其实就是一个道理，举一反三而已。融会贯通者，必可做到：一听就能懂，从来没想到，再也忘不了，用起来真有效，自己成一套。

二是贯彻到底。不想那么多，按照你信的这一个道理，一以贯之，贯彻到底。这里的"信"很重要，要信就深信，不可半信；半信则疑，不如不信。但你可以选择，选定你信的东西，深信之、上供之、信仰之，然后一以贯之。

三是一贯坚持。不受外部环境影响，不管有多少的挑战、诱惑，我的原则，我始终如一，专注坚持。

84
学习，付出越多，回报越大

子曰："自行束脩以上，吾未尝无诲焉"。(《论语·述而》) 孔子说：凡是自己拎着十条腊肉来拜师的，我没有不认真教诲的。

孔子不是说"有教无类"吗，居然要十条腊肉，要是交不起，就不教了？

真来学习的人，怕老师不教，一定要把自己最好的东西带来呈奉给老师，等于把心都掏出来了。这十条腊肉里藏着敬畏心、珍惜心与感恩心。

肯付出代价的，必是真心的，而付出的代价越高，回报的东西也就越多，这是人生的铁律。学习、求教，更是如此。

85
在事上磨,是伟大的学习方法

在事上磨,首先认识这里的"事",不管无事有事,凡心有所触所动者,均为"事"。这里的事,也就是"格物致知"中的"物",不特指某一件事或某一种物。

在事上磨,就是通过每天所遇见的事或物,把自己代入进去,切己体察,不断磨砺,磨掉自己身上的意、必、固、我,扩大自己内心的边界和容量,我们就看到本心了。这个过程就是致良知。

具体而言,就是掌握了很多条义理,在遇到自己难过、揪心、疑惑的事情时,找到一条对得上的义理,代入、对照,渐渐形成自己的体悟,从而化入自己身体。

86
当务之为急

《春秋胡氏传》中讲:"智者无不知当务之为急。"意思是,智者没有不该知道的,但你不可能什么都知道,什么都去学习,因此,要聚焦于你当务之急的事情上。

生命有涯,而学海无涯。以有涯的生命追求无涯的学问,必定一生平庸。

王阳明早年儒、释、道都学,后来认识到三者区别,是差之毫厘失之千里,于是摒弃道、释,专攻儒学。年轻时,他也喜欢诗词歌赋,以陶冶情操。到中年后,他觉得太奢侈了,把全部精力投入到儒学上来。

人一生中,难以学到手的学问不是加法,而是减法。就像抱着孩子过马路的妈妈,因为怀里抱着自己的孩子,她是顾不上其他的。首先,与名利得失保持适当的距离;其次,可读可不读的书不读,可参加可不参加的应酬,坚决不参加。如此,小动作就很少,就可以把大块的时间集中投入自己的"当务之急"上来。

87
学习的真谛

学,是照着做。《尚书》说:"学,效也。"学,就是效法,就是模仿,就是照着做。

习,不是复习,而是练习。《说文解字》中说:"习,鸟数飞也。"意思是,小鸟和鸟妈妈学飞翔,开始"照着做",不断模仿。忽然,有一天觉悟了,能飞了,这就是"习"。

无论是学,还是习,最后都是行动。听到什么好的道理,就立即去实践,这样,就知行合一了。

另外,学习之道,首先得信,信服谁就跟谁学,如果不信就不必学,就另去找你信服的人去学;其次不要浅尝辄止,一句话,沉潜反复,切己体察,再放在具体事上研习,下足笨功夫。

88
没有概括和提炼，就没有学习

所谓"理解"，即可靠地概括与提炼，这是一个人自我更新的基本要求，也是完善思维方式的抓手。

关于"概括"，我们常说，一个有能力的人，主要是指其概括能力强。而概括是形成正确认识的最佳途径，是抓住事物的本质进而举一反三的演化过程。如果想让学生从优秀迈向卓越，概括能力的训练就是一个重要的突破口。

关于"提炼"，"提"是自我的提升和见识，看见高于自己现实状态的另外一个维度；"炼"是把自己果断地放在那个高度上去自我雕琢、自我蜕皮，日日有所精进，让自己的内心不断成长。

89
带领孩子走向知识

美国教育家卡尔·罗杰斯说，我从来就不认为我能教会学生什么。这让人深思。

在我们看来，教育的过程，实质是我们带领孩子一起走向知识，一起发现并体验知识的美感，并生成新的知识。孩子因而通过知识获得解放，这也是当下有效课堂或高效课堂的价值性所在。

90
有意义地学习

学习是人的一种高级本能。通过不断学习，实现自我更新，是生机所在。就像一棵小树，克服地球引力，不断向上长，而根不断往下扎，终而长成参天大树。

然而，人的很多学习是无效的。真正有意义的学习，一定是基于内在成长需要或者洞察事物规律的学习，即：掌握规律，形成方法，建构自己的知识体系等。

91
学习的秘密

学习的时候，最缺的是什么？是人与知识之间的那份情感。

对于学习，为什么有的人厌倦，有的人充满热情，甚至热爱、痴迷？区别就在于人与知识之间的情感分了层次。

学习的秘密是，越深入学习，就越爱学习。

要学习一样东西，你一定是喜欢它，才能笃实地去学。如果不喜欢、不服气，你就不会低头去学习、去吸收。但是，只是喜欢，也可能还是站在外面喜欢，没有深入其中，因此，一定要深入进去，才能痴迷其中，才有体会、有收获，才能知行合一。

爱学习，首先定位在"知己无知"这个位置上，然后认真想想自己要什么、喜欢什么，对什么能乐在其中，那就是你终身学习的道路了。找到这条路，那是人生幸福的重要保障。

92
把散漫心收起来

散漫，是一个不好的客人，经常来敲门，我们需要学会克服。

我们那颗烦乱的心就像一摊浑浊的水。对于这样一摊浑水，不要搅拌，不要动它，只是观察它，渐渐地，它会自然变得清净。

把散漫心收到一件事情上来，叫作专心，专心则致志，致志则诚笃，诚笃则金石能开。在一个人的内心秩序中，专心是居于核心位置的。

现代社会对于青少年来说，专心的要求都降低了，即至少在三十分钟内忘我地把一件事情做好。

93
世界上的两种人

人是有类型之分的。大致可以分为两大类：一类是力求上进的人，另一类是因循怠惰的人。

而第一类中，又可分为两型：仓储型和加工型。仓储型的人，喜欢学习，他们的脑子像一个仓库，把知识装进去后，整整齐齐码好，然后不断寻求新的知识。加工型的人则不同，他们把知识输入大脑后，立即消化，吸其营养，积淀功底根基，并反复加工，把它们和过去吸收的东西融合起来，组成更新、更好、更切实的东西。

94
警惕知识的副作用

知识也会成为智慧的敌人。

人接受知识，就像吃了肉一样，如果没有消化好就容易变成多余的脂肪。只不过知识没有消化好，变成大脑里多余的"脂肪"而已，大脑多余的"脂肪"必然会阻止人获得智慧，甚至毁灭智慧。

知识有一个副作用就是培养书呆子。避免成为书呆子，至少应遵循以下四个原则：

关注人性，了解人情世故以及事物的发展规律，同时处理好人与人、人与物之间的关系；

重视经验，研究现实可行性，对过程和风险进行有效管控；

培养做事意识，在现实中学会如何面对挫折、失败，并加强性格中那些具有强竞争力的因素；

多结识高人，在实践过程中不断获得点拨。

95
好心肠，受好食物影响

有哲学家认为，人的心肠是由其所食用的食物决定的，吃什么就会有什么样的心肠。

食物通常有三种属性：比如谷类、蔬菜、水果等，食之延年益寿，增长智慧、健康、愉悦；比如烈酒、咖啡、碳酸饮料等，会刺激身体系统；比如在冰箱中放置超过一个星期以上的肉类，食之让人心灵迟钝和忧郁。

读书也一样，教育者一定要读好书、读经典，否则会把心肠读坏的。

96
学习就是学习，就像走路就是走路

学习就是学习，就像走路就是走路，学习就是享受与知识的对话所带来的喜悦。如果有杂念了，就学不好了。

《论语·泰伯》中说："三年学，不至于谷，不易得也。"意思是，跟着我学了三年，还没有做官念头的人，那真不易做到。

功利是学习的天敌。对于中小学生而言，心太低，认为学好只是为了考高分，自然就学不好。这就好比一个手电筒，不同高度，照的范围不一样，提得越高，照的范围越大。这就要求我们努力把心灯往高处挂，挂得越高，离功利越远，没有学不好的。

97
学习和不良情绪紧密相关

情绪是和人的追求联系在一起的。

当我们无法确定是否应该去追求时，就会犹豫、彷徨；当我们失去目标的时候，则会感到空虚、寂寞、伤感；当我们在追求过程中碰到紧迫局面与压力，需要我们付出持久的、高度集中的注意力时，就会感到紧张、焦虑、忧虑、担心。可见，要消除或者摆脱这些消极的情绪，就要求我们能正确地面对追求，形成良好的心态，进而控制或者分解不良情绪。

孩子学习不好，其背后往往有三种负面情绪：悲、恐、惊。学习不好是果，情绪是因。

"悲"，是消极、被动、不积极。人处于悲的状态时，就会对自己有不好的想象或者预测，孩子写作业写不好，首先想到的不是我怎样把作业写好，而是写不好老师会不会批评我，父母会不会责备我。

"恐"，是由悲引起的恐惧心理。一个人恐惧的东西越多，对人的智力发挥影响就越大。

"惊"，是心里忐忑不安、踏实不下来，心也就沉不进去。我们知道，孩子还小的时候，一旦受了惊吓，容易发烧，睡觉时，把拳头攥得紧紧的，就是"惊"的一种表现。

孩子为什么会出现"悲""恐""惊"？其背后是教育者身上的喜怒无常、焦虑纠结、愁眉苦脸。

找到了隐藏起来的真因，从"真因"上着手，问题就可以一步一步得到解决。

98
不断努力扩大课堂收获

孔子评价颜回道："语之而不惰者，其回也与！"（《论语·子罕》）听我说话而始终毫不懈怠的人，只有颜回一个吧！

何为毫不懈怠？是全神贯注，唯恐漏了一个字。因为如果听懂了，老师每个字里都有所指、有所用，老师咳嗽一声，也知道他背后的用意。然后，闻一而知十，把老师今天讲的和以前讲的，以及自己做到的，联系起来，参照学习，

会上课的学生，会主动扩大课堂收获，比如老师的哪个字写得好，哪句话讲得漂亮，哪个姿态优美高雅等，都会留心学习。

99
我们能给世界留下什么

一个人，无论好看还是不好看，无论有钱还是没钱，都不过是一副皮囊而已。

安徒生的童话《海的女儿》中，老祖母告诉美人鱼，人的生命虽然短暂，但人是有灵魂的，死后会升入天空，在天国里永存。而我们人鱼，虽然有三百年的寿命，但死后只能化成海上的泡沫，再也看不到天上的太阳了。

我们要向奇楠沉香（马来沉香）学习。奇楠沉香，生的时候，只是一棵树，死了以后，在被雷劈、入土、虫咬之后，经历无数痛苦，剩下那么一点点神奇的"木之舍利"或者"琼脂天香"。我想，奇楠沉香是我们这些俗世之人不能轻易理解的，它以"死"的形态，再次焕发出"生"的气息，传承百年、千年。

当我们这副皮囊老去或者消失之后，我们能给这个世界留下一点儿什么呢？

后记

本书的每一条内容都是经过长时间、反复地提炼的。

所谓"提炼",是"提出来炼"的意思,就是在庸常的生活中,挖掘出一种崇高的东西并活在其中;或者说,在高于现实的一个维度上,提出一种精神,把自己的生命放在其中去炼、去体悟。

"提炼"一般分为五步:

一、"明确",明确优势,明确特色,明确突破口;

二、"抽象",以培养什么人、怎样培养人、为谁培养人为宗旨,抽象、萃取精神主旨与价值话语;

三、"验证",用时间与空间两个维度,来验证其逻辑性、科学性、发展性、延展性,去色彩,以禁得住历史检验,便于传承下去;

四、"阐述",按"一听就能懂,从来没想到,再也忘不了,用起来真有效,自己成一套"的语言符号学要求,对理念进行阐述;

五、"推演",以理念为原点,生成普遍性的方法论体系以及实践模块,最后呈现为文化体系。归纳起来,其实是三件事:

认识，价值，方法。

这些年，我们似乎一直在做"提炼"的工作。比如，深入学校一线，协助三百多所学校提炼出了自己的办学理念。"提"只是第一步，接下来就是去"炼"，在实践中不断锤炼、提纯，形成一套自洽的、可靠的理论与实践体系。

"提炼"的参照体系：

一是文化的参照。

教育，在现实或者世俗的空间里，往往是无解的，只有文化的出场，才能终结人心的不安和混乱，教育才能体现出它的力量。如果没有了文化的星空，教育就会失去方向。中国教育的希望在于，每一位教育者，包括教师和父母，对民族的历史、对先贤的智慧，有一种温情与敬意，小心翼翼地走到里面去，一字一句切己体察，事上琢磨，知行合一。这也是在中华民族复兴之际的教育自信、文化自信的基础。

二是生命发展规律的参照。

老子讲："天得一则清，地得一则宁，神得一则灵。"这里的"一"就是教育的本体、本质。教育面对的是生命，每个生命都是独一无二的，才让世界如此精彩，每个孩子都有其独特的发展路径和成长节奏。教育一定要做好的事情就是尊重，具体而言就是尊重人的生命发展规律。

三是教育根本任务的参照。

"立德树人"，可以说是我们整个国家、整个民族的教育之魂。因此，提炼出来的东西，必须是"立德树人"这个共同价值的具体化。只有紧紧围绕着"立德树人"这个魂，才能推演出为党育人、为国育才的理论实践体系。

四是人类文明共享的参照。

教育要面向现代化，面向世界，面向未来，就需要我们具有全球的视野。在守住本体、本质的前提下，主动吸纳人类文明的成果，如西方的哲学、教育学、心理学之成果，作为镜子，来证见、检视我们中国教育学的严谨性、科学性、开放性，从而谋求人类意义上的美美与共、天下大同之集大成者。

我要感谢我所在的专家团队的全体成员，以及过去十几年的时间里曾经面对面深度对话的一千多位校长。我的这一点点学问，是你们手把手教给我的，在你们面前，我永远是一名小学生。

林 格 著
2023年3月

图书在版编目（CIP）数据

提炼：林格的教育之道 / 林格著 . —北京：大有书局，2023.4（2023.5重印）
　ISBN 978-7-80772-115-4

Ⅰ . ①提… 　Ⅱ . ①林… 　Ⅲ . ①教育工作－语录－汇编－中国　Ⅳ . ①G52

中国版本图书馆CIP数据核字（2023）第006753号

书　　名	提　炼：林格的教育之道
作　　者	林　格
责任编辑	周　舟
责任校对	李盛博
责任印制	袁浩宇
出版发行	大有书局
	（北京市海淀区长春桥路6号　100089）
综 合 办	（010）68929273
发 行 部	（010）68922366
经　　销	新华书店
印　　刷	中煤（北京）印务有限公司
版　　次	2023年4月北京第1版
印　　次	2023年5月北京第2次印刷
开　　本	143毫米×207毫米　　1/32
印　　张	9.5
字　　数	156千字
定　　价	50.00元

本书如有印装问题，可联系调换，联系电话：（010）68928947